青木 茂　長寿命建築へ

Shigeru Aoki
Toward long-life architecture
Points of Rifining

リファイニングのポイント

はじめに

2011年3月11日14時46分、浜松から九州に向かう新幹線の中、広島駅の手前で家内からのメールを受け取った。
東京で大地震があったという一報である。
一番の心配は、私が行ったリファイニング建築が地震に対してどうなったかということで、それがまず頭に浮かんだ。
東京の事務所に電話を入れるが、いっこうにつながらない。
ショートメールを打ってみた。都内で行ったリファイニング建築の現地に行けというメールである。

福岡に着いた私は、テレビから入ってくる情報に釘付けになり、この地震のすさまじさを知ることとなった。
東京事務所のスタッフは、電車はパニックで、その日は情報収集のみ、現場に行けたのは徒歩圏内の2件だけだった。
次の日までまったく様子が見えなかったが、携わったどの建物も何の問題もないという情報にほっと胸をなで下ろした。

たまたま、東京で終の棲家を求めて古いビルを購入し、何よりも自分の技術の実証をしようとしたYS BLD.に2月末から住み始めていたが、この建物も無事故であったことは幸いであった。
4階のガラスドアの鍵が一箇所ちぎれていたことが後でわかり、この建物がかなり揺れたことは確かであった。

私は福岡県西方沖地震（2005年3月20日）と3・11のふたつの地震の洗礼を受けたことになるが、いずれも無被害であったことで、今まで行ってきたリファイニング建築の技術が耐震的に有効であったことを証明できるのではないかと自負している。

本書で紹介している4つの建物、そしてこれから現場に入ろうとしている4つのプロジェクトは、単なる耐震補強や意匠だけでなく、今後建物が数十年間にわたり機能的にも美観的にも長寿命の建築をめざすことを主眼としたリファイニング建築である。地震のみならず、来るべき多様な難問に対して、自分なりの答えを出したつもりである。古代ローマの建築家ウィトルウィウスは今も生きている。

Introduction

I received an email from my wife a little before reaching Hiroshima Station at 2:46 pm on March 11 2011 while on the bullet train from Hamamatsu to Kyushu. She stated that there had been a massive earthquake in Tokyo. What gripped me with fear most was what had happened to the buildings I worked on to reinforce them against such earthquakes. I tried calling the Tokyo office, but the line was down. So I shot off a short e-mail. This email was to ask them to get to the building site in Tokyo.

I arrived in Fukuoka, and was glued to the TV for information on damage caused by the earthquake. The staff at the Tokyo office were only able to get to 2 sites that were within walking distance because the trains were chaotic, and all we had to go on was the information at hand. I was relieved to find out that there were no problems with our buildings, but we really couldn't get a better handle on that until the following day.

I had just started to live in the YS building from the end of February, as we had purchased an old building in Tokyo on which we were going to demonstrate our technology, and were fortunate enough to learn that nothing had happened to it. Afterwards, I found out that the lock to the glass door on the 4th floor had been ripped out in one location, so it was clear that the building had been shaken pretty violently.

The earthquake off the western coast of Fukuoka Prefecture (March 20, 2005) and the Great East Japan Earthquake on March 11, 2011 were my baptisms of fire, neither one of which caused any damage to our buildings, so I take pride in the fact that this proves that the reinforcing technology we used in the buildings does withstand earthquakes.

The four projects introduced in this book and the four projects where I will enter the sites hereafter employ reinforcing technology that focuses not only on mere strengthening and design against earthquakes, but also seeks functional, aesthetic buildings of tomorrow that can last for generations. I want to respond in my own way to earthquakes and a variety of future challenges. The ancient roman architect Vitruvius lives on.

目 次

2　はじめに

リファイニングのポイント

6　満珠荘リファイニング　……………… ポイント1：光と風が抜ける垂直空間の新設と、フロアの入れ替え
8　清瀬けやきホールリファイニング　……………… ポイント2：外装・内装とも一新、街の新しい顔をつくる
10　浜松サーラリファイニング　……………… ポイント3：斬新な耐震補強構法で、大規模、居ながら施工を実現
12　YS BLD. リファイニング　……………… ポイント4：中古ビルを快適な都心住居に
14　旧戸畑区役所庁舎リファイニング[計画案]　……… ポイント5：親しまれてきた庁舎が図書館に生まれ変わる
16　旧三宜楼リファイニング[計画案]　……………… ポイント6：まちの歴史を物語る木造建築を受け継ぐ
18　分譲マンションリファイニング2事例[計画案]　…… ポイント7：住民の合意が必須──調査の透明化と説明責任

20　長寿命建築に向けて　青木茂

リファイニングの事例

26　満珠荘リファイニング
　　44　文：関門海峡を堪能する老朽化した公共施設を一新

46　清瀬けやきホールリファイニング
　　66　文：50㎡以内か、50㎡以上か？ 柔軟な思考で増築に対処

68　浜松サーラリファイニング
　　84　文：世界初の耐震補強構法で、複合ビルの大規模改修を実現

86　YS BLD. リファイニング
　　100　文：既存コンクリート壁を断熱＋仕上げ材でサンドイッチ、躯体保護と快適な室内環境に高効果

102　旧戸畑区役所庁舎リファイニング[計画案]
　　114　文：最新の建築思潮の中にもリファイニングのヒントがある

116　旧三宜楼リファイニング[計画案]
　　128　文：伝統技術と現代の技術を融合させる

130　分譲マンションリファイニングA[計画案]　共用部からの補強で「居ながら施工」を目指す
132　分譲マンションリファイニングB[計画案]　リファイニングで現状を確保する

134　対談：建築は記憶の連続性の中で成立する　山岡淳一郎＋青木茂

140　建築データ
142　青木茂・リファイニング建築の本
144　著者紹介

Contents

2   *Introduction*

Points of Refining

6   **Refining of Manjyuso**
     Point 1 : The creation of a bright and airy vertical space and replacement of the floor

8   **Refining of Kiyose Keyaki Hall**
     Point 2 : Renewal of the exterior and interior, establishing a new symbol of the town

10   **Refining of Hamamatsu Sala**
     Point 3 : Large-scale construction with the residents in the building,
     realized by a novel anti-seismic reinforcement method

12   **Refining of the YS building**
     Point 4 : From an old building to a comfortable urban living space

14   **Refining of the former Tobata Ward Office (Project)**
     Point 5 : Familiar ward office building reborn as a library

16   **Refining of Sankiro (Project)**
     Point 6 : Preserving the wooden architecture, a symbol of the town's history

18   **Two cases of condominium apartment buildings (Project)**
     Point 7 : The residents' agreement is essential. Transparent survey and accountability

20   *Toward long-life architecture*   Shigeru Aoki

Casestudies of Refining

26   **Refining of Manjyu-so**
     45   text : Renewal of old public facilities with a great view of the Kanmon Straits

46   **Refining of Kiyose Keyaki Hall**
     67   text : Below or over 50m^2? Exploiting flexible thinking to build an extension

68   **Refining of Hamamatsu Sala**
     85   text : The large-scale renovation of a complex building using the world's
     first anti-seismic reinforcement method

86   **Refining of the YS building**
     101   text : Sandwiching the existing concrete walls with insulating and
     finishing materials, highly effective for protecting the building frame and
     creating a comfortable room environment

102   **Refining of the Tobata Ward Office (Project)**
     115   text : Hints of refining in the latest architectural trends

116   **Refining of Sankiro (Project)**
     129   text : A fusion of traditional and modern technologies

130   **Two cases of condominium apartment buildings (Project)**

134   *Dialogue :* **Architecture is realized in the continuity of memory.** Junichiro Yamaoka + Shigeru Aoki

140   Architectural data
142   Introduction of Shiegu Aoki's refining architecture books
144   Introduction to the author

長寿命建築へ向けて *No.1*

満珠荘リファイニング

Refining of Manjuso →P26

光と風が抜ける垂直空間の新設と、フロアの入れ替え

　関門海峡を見下ろす立地を生かし、室内からの眺望を最大限生かすようにリファイニングした。同時に新築に比べてコンクリート等の産業廃棄物やCO_2排出量を大幅に低減できた。

　内部は空調や照明等の機械的な手法に頼らず、自然換気や自然採光を積極的に取り入れたパッシブデザインとすることで、竣工後のランニングコストの低減を図った。

　北側の床1スパンを解体して吹抜け状の階段室をつくり、その屋上にはトップライトを設けている。この吹抜けは光ダクトとして下階まで光を導き、同時に煙突効果による自然通風に役立っている。

　海側（南面）は眺望を優先してガラス張りとしているが、庇を設けることで夏季の高い日射を遮蔽し、室内の熱負荷の軽減を図った。

3層のスラブを解体して設けたトップライトおよび階段設置用の吹抜け。
下3点はトップライト部の鉄製階段の設置工事中

3層の南側外観。左はリファイニング前。右のリファイニング後では、最上階の2階および地階に大きな庇をめぐらしている。最下階は宿泊室、1階は浴場とリラックススペース、2階は展望レストランとラウンジ

2階、展望ラウンジおよびレストラン。左手の明かりは新設した吹抜けからの光。その脇は同じく新設のエレベーター。右手の窓外に見えるのは周防灘

The creation of a bright and airy vertical space and replacement of the floor

The building, located by the Kanmon Straits, was refined taking full advantage of the beautiful views from the rooms. In comparison with new construction, the refining work considerably reduced the amount of industrial waste that would have been generated as concrete and CO_2 emissions.

For the interior, a passive design was employed to realize natural ventilation and natural lighting without using a mechanical method such as air conditioning and lamps, aiming at reducing the running cost after the renovation.

We removed a span of the north-side floor, built a staircase with a high ceiling, and introduced a top light on the roof. This high-ceiling space works as a sunlight duct and leads the sunlight into the downstairs. It also works as a chimney and realizes natural ventilation.

The sea side (south side) of the building is faced with glass, giving superb views. A canopy top was used to block direct summer sunlight to reduce the indoor thermal load.

長寿命建築へ向けて No.2

清瀬けやきホールリファイニング

Refining of Kiyose Keyaki Hall
→P46

外装・内装とも一新、街の新しい顔をつくる

増築した南側のファサード、曲面を採用して、道路側足元の圧迫感を和らげている

　清瀬市は東京の北端に位置する人口およそ7万3,000人のベッドタウン。戦前まで結核患者の療養地としての歴史があり、今では結核療養所をはじめとする高度研究機関や大規模病院が整備され、全国屈指の医療都市だ。駅前から市役所に続くケヤキ通り沿いには国内外の彫刻家が制作した約30点の作品が並び、芸術文化の雰囲気が漂うまちでもある。

　旧清瀬市民センターは市内で唯一のプロセニアム形式のホールを持ち、駅から5分という好立地にあった。これまで長い間、市民が気軽に様々な文化に触れることができる場として親しまれてきたが、築34年を迎えて老朽化が進み、その役割を十分に果たすことができなくなり、市民からは再整備を望む声が上がっていた。

　そこで市は、財政状況や資源・環境問題等を考慮し、また、清瀬のまちが刻んできた歴史を引き継ぐためにも、別の場所に新しく建て替えるのではなく、市民に親しまれてきた場所で旧建物を極力生かす再生建築を選択した。設計者を選ぶためのプロポーザルが実施され、その結果、東京近郊で初めての公共施設のリファイニング建築が完成した。

左2点：旧清瀬市民センター南側（道路側）
ファサードの一部と1階ホワイエ

道路側に増築して広く、明るくなった1階共用ロビー

Renewal of the exterior and interior, establishing a new symbol of the town

Kiyose City is located at the north end of Tokyo and is a community town with a population of about 73,000. There were sanatoriums for tuberculosis patients in the city until World War II. Now Kiyose is one of the best medical towns in Japan with not only sanatoriums but also advanced research institutes and large hospitals. Along the street lined with zelkova trees extending from the railway station to the city hall, there are about 30 works of Japanese and foreign sculptors, creating an atmosphere of art and culture. The former Kiyose Community Center, the only proscenium-type hall in the city, was located 5 minutes from the station. It provided the citizens for a long time with opportunities to experience various cultures. Since the 34-year-old building had problems due to aging the citizens wanted the building to be redeveloped. Considering the financial situation, resource problems and environmental problems, the city government decided not to build a new building in another place but to renew the existing building in order to utilize the building as much as possible and continue Kiyose's history. Proposals were examined to select a designer and, as a result, the first public building of refining architecture was completed in the suburbs of Tokyo.

長寿命建築へ向けて　No.3

浜松サーラリファイニング

Refining of Hamamatsu Sala →P68

斬新な耐震補強構法で、大規模、居ながら施工を実現

鉄骨ブレースを既存外壁に巻き付けた特殊な耐震補強で、建物のイメージを一新させた。工事は居ながら施工で、テナントは内部の中を移動するだけですんだ

大きな道路沿いにあるこの建物は、ガス会社のショールームとオフィス、それにテナントの入るオフィスビル。築29年を経過して老朽化が進み、間取りの陳腐化や設備の不具合等が発生していた。

耐震補強工事のために調査したところ、図面では軽量コンクリートとなっていたのが実際には普通コンクリートが使用されているなど、通常の補強方法では解決できないことがわかった。そこで、外部から鉄骨ブレースをリボンのように巻きつける、世界初の耐震構法「スパイラル・ブレースドベルト補強」方法を開発。さらにこれをガラスで覆い、耐候性能を向上させた。建物内部の補強工事が最小限ですんだため、入居者はビル内で一度引っ越しするだけで、建物を使用しながらの補強工事が可能になった。

内部の主なリファイニングは、1階デッキテラスと室内の一体的利用、1、2階に一部吹抜けをつくり、間仕切りのない、オープンでフレキシブルなパブリックスペースを大きく取ることであった。その結果、利用者が自由に使えるスペースが増え、地域の人々の利用率アップにつながった。

上はリファイニング後、下はリファイニング前(上:駐車場側ファサード、下:道路側ファサード)

リファイニング後の建物は、既存建物を新しい外装材で包み、ぐるりとリボンをかけたようなイメージ。一新された外観、新たなスペースの提案が街への楽しいプレゼントとなることをめざした。

Large-scale construction with the residents in the building, realized by a novel anti-seismic reinforcement method

This building, located on a large street, is an office building with a showroom and office of a gas company and with tenants. The 29-year-old building had problems due to aging, such as old-style room layout and unsatisfactory facilities.

Before conducting antiseismic reinforcement work, we surveyed the building and found that the standard reinforcement method could not be used because ordinary concrete had been used in the building whereas light-weight concrete should have been used according to the architectural drawings. We therefore developed the world's first "spiral braced belt reinforcement method" with which steel-frame braces were wrapped around the exterior of the building. The braces were then covered with glass to improve the weather resistance performance. Since we only had to make minimum reinforcement for the interior of the building, the residents needed to move to other rooms in the same building only once. All the refining works were thus finished with the residents still living in the building.

The major aim of the refining work for the interior of the building was to integrate the first-floor terrace with the room, make a high-ceiling space in the first and second floors, and create an open, flexible public space with no partitions. As a result the public space became larger, increasing the local people's utilization of the building.

長寿命建築へ向けて *No.4*

YS BLD.リファイニング

Refining of **YS building** →P86

中古ビルを快適な都心住居に

屋上庭園があるリファイニングを終えたビル

　快適でリーズナブル、しかも環境に優しい都心居住を目指して、リファイニングの対象となる建物探しからスタート。選んだ中古ビルは築40年の鉄筋コンクリート造4階建て、これを自宅＋賃貸住宅にリファイニングした。

　敷地は高台にあって地盤条件等は申し分ないが、周辺には中小のビルやマンションなどが建て込んでいる。既存建物については建築確認図書がなく、簡単な平面図があるのみだった。

　既存建物は8m角のほぼ正方形の単純なラーメン構造で、これに袖壁補強を施した。この方法では開口部の位置等に制約が生まれるが、逆にそれを上手く利用しながら、デザイン的にも新築に負けない都心の住まいが出来上がった。

　コンクリートの躯体を内外とも断熱し、外壁は耐火野地板に金属板による仕上げ、内壁はプラスターボードに漆喰仕上げとすることで、室内外の熱環境が向上した。2、3階の南面に取り付けられたルーバーは、光や風を取り込みつつ、近隣住居からの視線を遮っている。

左は既存ファサード、右はリファイニング後の4階内部、右手に新設の内部階段

4階部分のリファイニング・イメージ図。左手のガラス内部はトップライトを導入した新設の内部階段。食卓の先にバルコニーが見える

From an old building to a comfortable urban living space

In order to make a comfortable, reasonable, and environmentally-friendly urban living, we selected a building to refine. The building that we chose was a 40-year-old four-story reinforced concrete building. We refined it to an owner's house with residential accommodation to rent.

It is located on a hill with good ground conditions, surrounded by small and medium buildings and apartment buildings. For the existing building, no building certificate but only a simple layout drawing was available.

The existing building had a simple 8mx8m square rigid-frame structure, to which we applied wing-wall reinforcement. This method restricts the position of openings. But we took advantage of the restriction and created an urban living space that looked as good as newly-constructed buildings.

Both the inside and outside of the concrete building were insulated. Fireproof base panels were used for the outer walls, which were then finished with metal panels. Plasterboard and plaster were used for the inner walls. These improved the thermal environment inside and outside the building. The louvers, attached to the southern walls of the second and third floors, take in the light and wind and, at the same time, shield the rooms from view by neighbors in the next apartment buildings.

長寿命建築へ向けて No.5　　　　　Refining of *former Tobata Ward Office* (Project)

旧戸畑区役所庁舎リファイニング［計画案］

親しまれてきた庁舎が図書館に生まれ変わる

　築79年の北九州市旧戸畑区役所庁舎を図書館へ再生するプロジェクト。
　帝冠様式の旧庁舎のシンボルである塔屋部分、重厚なスクラッチタイル仕上げの外観を保存するため、外部に耐震補強を施さず、内部からの補強を計画した。
　戸畑の歴史（製鉄）を踏まえ、鉄骨による耐震補強を行うことにより、歴史と補強の融合を図った。

リファイニング前の状態

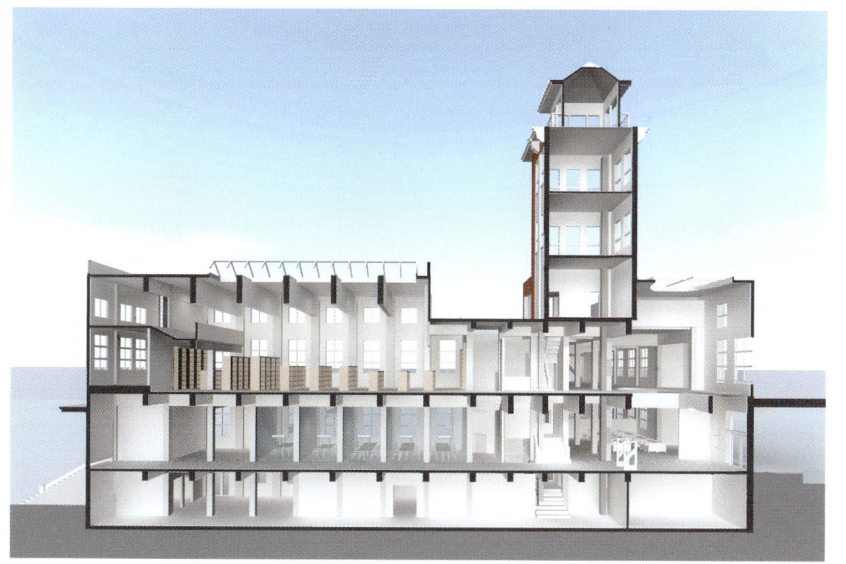

リファイニング後の東西断面イメージ図

Familiar ward office building reborn as a library

Refining of former Tobata Ward Office in Kitakyushu City (Project)

This is a project to refine the 79-year-old former Tobata Ward Office in Kitakyushu City into a library.

In order to preserve the tower, a symbol of the imperial-crown style office building, and maintain the exterior, which was finished with rich scratch tiles, we plan not to apply antiseismic reinforcement to the outside of the building but to reinforce the building from the inside. We made reinforcement using steel, aiming to integrate Tobata's history of iron manufacturing with the new technology of antiseismic reinforcement.

カウンター部分の補強イメージ

長寿命建築へ向けて *No.6*

旧三宜楼リファイニング[計画案]

Refining of **Sankiro** *(Project)*

→P116

まちの歴史を物語る
木造建築を受け継ぐ

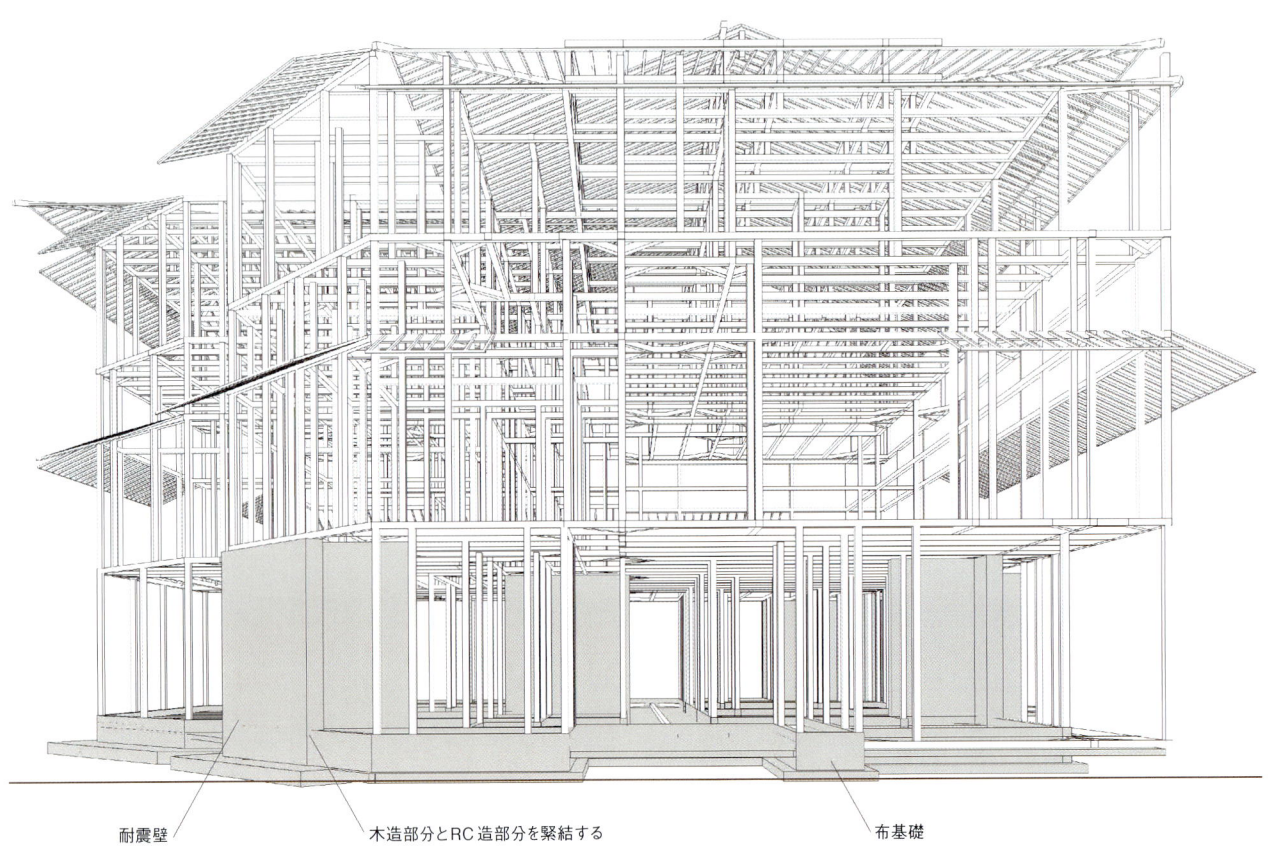

耐震壁 ／ 木造部分とRC造部分を緊結する ／ 布基礎

耐震補強を施した躯体。既存木造部分とRC造部分を緊結する

　北九州市門司区に昭和初期に建てられた木造3階建ての元料亭「三宜楼」の保存、一般公開を目的としたプロジェクトである。現在は空き家になっている。
　建物規模としては福岡県内に現存する旅館・料亭等では並ぶ事例がなく、延床面積約1,200㎡は九州地区内でも最大級である。門司港のかつての繁栄を物語る建物として、耐震補強を施して安全性を確保し、また建物の歴史的価値を考慮した改修を行うことで、門司港を訪れる観光客や地域住民に愛される施設として再生することが望まれている。

完成予想図。建物と庭の関係を強める

既存の状態

Preserving the wooden architecture, a symbol of the town's history

This project aimed to preserve and show to the public the three-story wooden building of Sankiro, a Japanese restaurant built in the early Showa era in Moji, Kitakyushu City. It was no longer in use.

There was no other comparable hotel or restaurant building in Fukuoka Prefecture and Sankiro's gross floor area of about 1,200m^2 is one of the largest in Kyushu. It is therefore desired to ensure the safety of the building with antiseismic reinforcement and renovate it taking account of its historical value to develop facilities that the citizens and visitors to Moji Port would love.

長寿命建築へ向けて *No.7* — *Two cases of* **condominium apartment buildings** *(Project)*

分譲マンションリファイニング2事例［計画案］

住民の合意が必須──
調査の透明化と説明責任

都内の高級住宅街にある分譲マンションAは、RC造、地上7階建て、43住戸、延べ床面積約6,000㎡、分譲マンションの先駆けとなった建物で、築42年を経過している。入居者全員が特に外観に愛着があり、耐震補強による外観変更には大変な抵抗があるため、なるべく現在の意匠を保ちながら、また、入居者の居住部分には

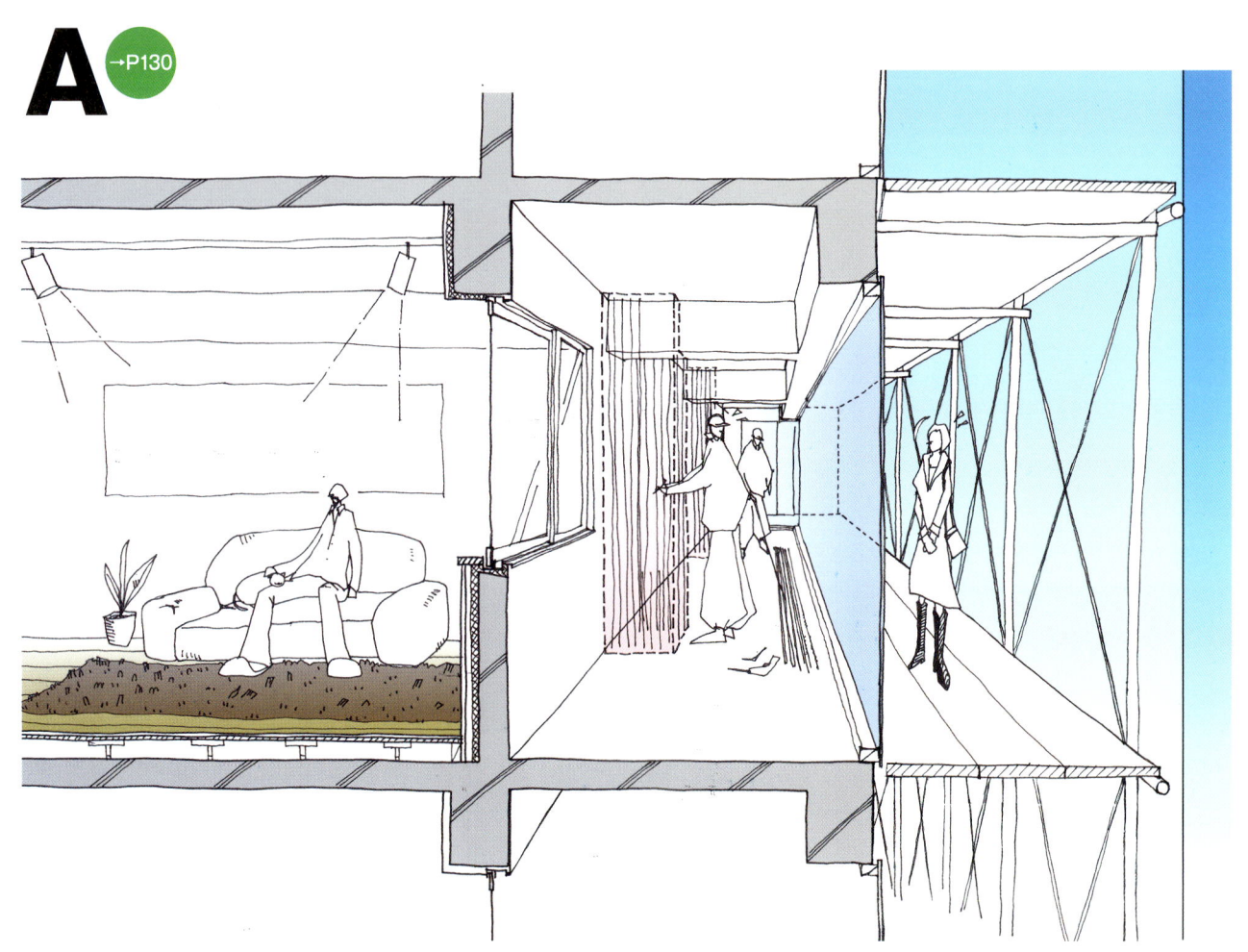

A →P130

室内側はそのまま、共用廊下のスペースを利用した耐震補強を計画している

The residents' agreement is essential. Transparent survey and accountability

The condominium apartment building in a high-class residential area in Tokyo, is a 7-story building of reinforced concrete structure with 43 apartments with a total floor area of about 6,000m². This 42-year-old building was a pioneering condominium apartment building when it was first built. Since the residents are particularly attached to the appearance of the building and have difficulty accepting the changes required for antiseismic reinforcement, I have been considering antiseismic reinforcement that maintains the current design of the appearance to the extent possible and that would not affect the residential part of the building. I would ensure that the antiseismic performance complies with the present law and renew the degraded pipes. I have had meetings once a month and the next several months will be a crucial stage in forming a consensus with the residents. If this condominium apartment building could be successfully renewed, some of the housing problems that Japan is facing

工事が及ばないような耐震補強を考えている。現行法規にマッチする耐震性能を確保し、老朽化している設備配管を一新する計画。月に１度の打ち合わせを重ねているが、ここ数カ月が住民の意識をまとめるための最大の山場である。この分譲マンションの再生ができれば、日本が抱えている住宅問題に一定のめどがつくのではないかと考えている。

　一方、同じく都内にある分譲マンションBは、段状の敷地に建っている。設計図書とは異なった施工がされており、調査すればするほど、隘路に陥るような建物である。この建物をスクラップアンドビルドすると、現行法では容積率が半分に規制されているので、住民の半数はここを出て行くか、もしくは住居面積が半分となることを覚悟しなければならない。何が何でも、リファイニングして欲しいというのが住民の意見であるが、技術的な解決がなかなか見いだせないのが現状である。協議を重ねながら、コストを含めたベストの方法を検討している。

　日本が抱える住宅問題の解決は、分譲マンションの再生と団地の再生がキーポイントではないかと考えている。この２事例とも、長期間にわたるプロジェクトとなるが、全力を尽くして一定の方向を見いだせれば、社会に貢献できるのではないかと考えている。

マンションの近くには公園があり、自然に恵まれているので、なんとかしてここに住み続けたいのだが……

could be solved.
On the other hand, the condominium apartment building in Tokyo, is located on higher land. It had been built against the design documents and our survey revealed inappropriate construction of the building. However if we scrap and rebuild it only half of the existing building would be allowed according to the plot ratio designated by current law. Therefore half of the residents would have to move out or the residential area of each apartment would have to be reduced to half. The residents want the building to be refined but we have not yet found a technological solution. We are trying to find the best answer through discussion with the residents.

 I think that the key point of the housing problem in Japan is the renewal of condominium apartment buildings and apartment complexes. The above two cases are expected to become long-term projects. We should endeavor to find the optimum solution to housing problems in order to contribute to society.

長寿命建築に向けて

青木 茂

リファインからリファイニングへ

　これまでおよそ25年にわたり、リファイン建築という名前で、数々の作品をつくり、発表してきた。その間、いろいろな人々と出会い、さまざまな批評や批判をいただき、そのつど、リファイン建築の手法は進化し続けてきた。

　リファイン建築という名前を初めて使ったのは1999年6月に『建物のリサイクル』という本を出版した時である。後に当時の松下電工が「リファイン建築」を商標登録していることがわかり、お断りに出向いて、口頭ではあるが、使うことを快諾していただいた。それから5年ほど経ち、松下電工の方が当方の福岡事務所に見え、いろいろ質問を受けた。説明したところ納得していただいたようで、その後、何もないように過ごしてきたが、このほどパナソニック電工から「リファイン建築」使用差し止めの通知があり、協議の結果、使用しないこととした。2006年に「リファイニング建築」という名前を商標登録（登録年月日：2006年8月25日、商標登録第4981412号、商標権者：太平洋セメント株式会社、株式会社青木茂建築工房）していたので、これに切り替えることにしたのだが、まさに良いタイミングといえば良いタイミングであった。それは「リファイン」を繰り返すことによって100年建築が可能となる、すなわち「長寿命建築」を見据えれば、「リファイニング建築」という名称のほうが、私が考えている建築にふさわしいのではないかと思い始めていたからである。

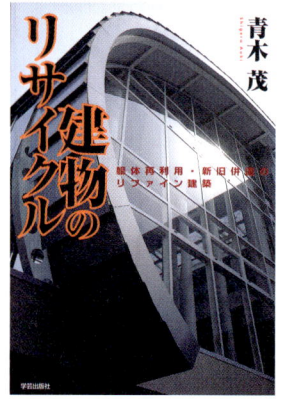

『建物のリサイクル』(1999) 表紙

リファイニング建築という手法

　「リファイニングした建築は何年もつのか？」

　この質問に、初期の作品においては答えを見つけられなかった。リファイニング後、何年もつのかを意識してつくり始めたのは「野津原町多世代交流プラザ」からで、その答えを一応つかんだと思ったのは「八女市多世代交流館」である。建物を金属板やガラスなど再生できる材料によって覆うことにより、コンクリートの劣化を防ぎ、長寿命化しようという試みである。「八女市多世代交流館」ではコスト面で大変な苦労をしたが、このときの経験で一定の方向性が定まり、これ以降、手法を進化させてきた。

　さらに、集合住宅の仕事が増えるにつれ、既存建物の設備配管のメンテナンスの悪さが入居率に影響を与えることを実感し、耐用年数とメンテナンスの両面から対策を考えてきた。この問題はかなり研究を重ね、配管を外部スペースに配し、主管部分の取り替えが簡単に行えるように設計することによって、メンテナンスを容易にした。

　コンクリートの中性化に対する問題はなかなか解決しなかった。同時に、環境に配慮した建築をめざさないと「リファイニング建築」も一過性のもので終わるのではないか

野津原町多世代交流プラザ (2000)

八女市多世代交流館 (2001)

と考え、既存建物とそれをカバーする板金との間に空間をつくって空気を逃がすことにより、建物に冷却装置を施すことを考えた。現在では、コンクリート、外断熱、外部仕上げ、内断熱、内部仕上げ、というほぼ完成形に近いものができた。内断熱を施すことにより、コンクリート自体が空気に触れることがなくなるので、中性化も阻止できる。

　新築にしろ、再生建築にしろ、完成した建物があと何年使えるかという、「建築の長寿命」に関する研究はまだ緒に就いたばかりである。ことに現在盛んに行われている再生建築は、場当たり的な手法がほとんどであり、再生後の建築の寿命を見据えた取り組みはほとんどなされていないのではなかろうか。

「長寿命建築」のポイント

　この数年、東京や福岡といった大都市でリファイニング建築の仕事が少しずつ増えてきているが、集合住宅や公共建築に関しては、まだまだ再生建築は一般的な解決手法として認知されていない。例をあげるならば、いま盛んに行われている学校の耐震工事は、その建物をあと何年使用するという計画のもとに施工されているのであろうか。近年、行政機関を対象とした講演などで、私のほうから、「耐震補強をすることで、あと何年使えるのですか」と質問してみるが、時間的な観点からの補強は行っていないようである。つまり、「今」問題になっている「耐震」という一点に対して行う工事であって、そこには「長寿命建築」という考えはないのではないだろうか。

　建物の寿命は、何によって決まるのであろうか。

　私は、3つの重要なポイントがあると考えている。

　1点目は、使用用途の変更などにより、建設当時の目的に合わなくなったスペースをどうとらえるかということ。この数十年間でみれば、建物はIT環境を抜きに考えられなくなってきている。時代が、スペースと設備の両方の変化を余儀なくしているのである。この変化に対応できるか否かが、建物の生命に関わっている。建物を再生する際、スペースと設備環境の問題解決が可能かどうかが、新築か再生かの選択の大きなポイントである。

　2点目は構造上の問題で、再生後、その既存建物が一定の強度を保持できるか否かという点である。現在、一般的には建築基準法で定められている基準をクリアした建築であれば良しとされているわけだが、しかし実際には私が手掛けたリファイニング建築の事例を見ると、非常にていねいに施工されているものから、コンクリートの圧縮強度が設計強度に到底及ばないものまで、既存建物の構造的状況は種々様々である。そこでリファイニング建築では、コンクリートの圧縮強度以外にも中性化やかぶり厚さなど、あらゆる条件を精査しながら進めることとしている。現在、東京都など再生建築の先進的な試みをしている自治体では数多くの補助制度があり、リファイニング建築の調査に着手するには大変有効である。

　3点目は、建物の美しさである。マンションなどの収益物件では、オーナーにとってテナントの減少が建て替えの大きなきっかけになる。やはり、いくら安全であっても美しくなければ、再生ではなくスクラップアンドビルドを考えるのではないだろうか。女性が化粧直しをするように、5年か10年に1回は、脚立でできる程度の建物の化粧直しをすれば、かなり長期間美しさを保てるであろうし、30年に1回の足場をかけた大規模な模様替えの時、思い切って用途の変更や躯体のチェック等をし、これを2回繰り

返せば100年建築が可能になる。ヨーロッパ並みの建築の長寿命が確立できるのだ。このことは、古代ローマの建築家ウィトルウィウスが唱えた用・強・美そのものである。それをどう市場化できるかが、われわれ建築家の使命ではないだろうか。

新築着工件数は既存ストックの約80分の1

　日本建築学会の都市・建築にかかわる社会システムの戦略検討特別調査委員会（特別調査委員会委員長：南一誠芝浦工業大学教授）では建築・社会システムに関する連続シンポジウムを開催している。その第7回として「建築ストック活用における建築関連法制度の課題」と題されたシンポジウムが行われ、私もメンバーの一人として参加した（2011年6月25日）。その中で、田村誠邦氏（不動産鑑定士、アークブレイン代表）の報告によれば、2008年度の住宅土地総合調査において、わが国の住宅ストックの総数は5,759万戸で、世帯数4,999万世帯を大きく上回り、空家率は全国平均で13.1％にも達している。中でも賃貸住宅の空家率は、全国平均で18.7％ときわめて高く、住宅ストックの余剰は顕著である。住宅ストックが大量に余剰する現在、住宅を新築することの合理性はきわめて低くなっている。

　住宅のストック総数（2008年／5,759万戸）は、新築住宅着工件数（2010年／81.3万棟）の約70年分に相当する。また、非住宅ストック総数の簡易推計値（2010年／34.7億㎡）は、非住宅の着工面積（2010年／4,452万㎡）の約78年分に相当する。このことは、住宅、非住宅を問わず、わが国の新築着工量は既存ストックの70分の1から80分の1に過ぎず、もはや新築の建築物をコントロールする法制度や仕組みだけでは、建築物の全体の質やその集合としての街並みや都市を変えることはできないという事実を示している、と田村氏は指摘する。私は、この既存ストックが市場の信頼を全面的に得られるかというと、現時点でははなはだ問題があり、それをいかにコントロールするかが大きな課題であると考えている。この25年間にわたり、私が考えてきたリファイニング建築という手法は、この膨大な量のストックに対する信頼をどう市場に回復させるかという取り組みであり、建物そのものの問題、そして建築基準法上の問題についても、様々な解決を思考し、実践してきた。

　リファイニング前の黒川紀章氏設計による「浜松サーラ」は、氏の作品の中で決して秀作とはいえない建物である。施主もそのことをあえて語ろうとはしないが、しかし、その地域に厳然と存在し続けてきたことと、また建設当時、施主が黒川氏に依頼した思いを考えてみると感慨深いものがある。私はこれまで数々の建築の保存運動に関わってきたが、それらの建物を単なるストックと片付けるならば、これほど情熱を傾けることはできなかった。それらの建築を通じて自分自身の人間形成に様々な影響を与えられたことが、私を保存運動に駆り立てたのだと考えている。今回、「浜松サーラ」をリファイニングするにあたり、後世に何を残すか、この建物の何が歴史的資産となるかについて私なりに思考してみた。

浜松サーラ（2010）

建築が市場の信頼を回復するためには？

　再生建築では、その設計内容によっては確認申請書を提出しなければならない場合があり、その条件に当てはまるような設計を行う場合は必然的に確認申請書の提出を求め

られるが、リファイニング建築においては、新築時に確認申請を行うように、改めて確認申請を提出している。確認申請書、そして検査済証は、現在の法制度の中で市場の最大の信頼を得るものであり、それ以上でも以下でもないが、私は建築基準法に則った設計や工事を行うことにより、完成した建物が市場の信頼を得られると確信している。

　これまで行ってきたリファイニング建築では、既存建物をいったんスケルトンにし、現行の耐震基準を満たさないものに対しては耐震工事を行い、またクラック等、経年変化や新築時の欠損部分もすべて修復し、その調査と工事過程を「家歴書」として記録している。つまり、リファイニング建築を行うにあたり、過去に行われたすべての工事や、経年変化をチェックし、それを丁重に補修することにより、現在の法に定められた強度と品質を取り戻そうとしているのである。そのことにより、内と外から建築に対する信頼を回復することができると考えている。「家歴書」を作成することは、市場の信頼を回復するためだけでなく、その建物の建設当時の技術や工法を学ぶ良い機会でもあり、スタッフにはこれを義務づけている。

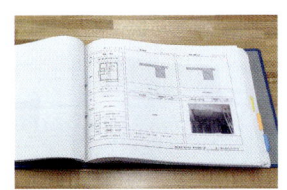
家歴書

　このようにリファイニング建築の施工監理を行っていると、果たして日本の建築技術の水準はどうであろうかという疑問にいつも突き当たる。単純に、新耐震後の建物だからといってすべてが大丈夫というわけにはいかないだろう。私の経験からいえば、建物がつくられた場所、年代、施工会社、そしてその地域のプラント等が影響を及ぼし、上質な施工が施されたものから、目を覆いたくなるようなものまで、まちまちである。今再び建築が市場の信頼を得ようとするならば、それにどう対処するかを抜きにしては語れないのではなかろうか。

施工不十分な実例

　姉歯事件後、確認申請の審査が民間に開放され、特定行政庁の審査能力が格段に落ちたことは誰しもが認めるところであろう。トレーニングし続けていない技術や肉体はすぐに弱体化する。民間審査会社が増え、これまで審査される側にいた技術者が審査する側にまわったことも、審査技術の低下につながっているのであろう。早急に審査する側、審査される側相互の技術交流を立ち上げ、確認申請全般の判断基準の見直しと技術の伝承を行わなければ、混乱は増すばかりである。

　ストックの再生という仕事においては、あらゆる判断において、「いつ」「誰が」「何を」「どう決めたか」を明らかにする必要がある。仕上げを剥いでみれば躯体の状況は一目瞭然で判断できる。それをどのように補修補強するかは、コストをどのようにコントロールするかとのせめぎ合いとなり、いつも自問自答するところである。それを「誰が」「どう決めたか」を明らかにしなければ、リファイニング建築に対する信頼性は得られないと考えている。つまり、決定プロセスの透明化である。このことは、判断する人間にはかなりの重責がのしかかることになる。それなりの社会的地位とそれなりの対価が保証され、権威を持った資格試験等も検討されるべきである。それによって市場の信頼を得ることができ、また技術レベルが上がり、ひいては、われわれ建築家の地位向上につながると考えている。これは容易いことではないが、実行しなければならないことだと思う。

母の家

　世界の建築界には、「母」をテーマとして設計された名作が数多くある。母への愛情こもる作品である。

現在、あらゆることが不確定なまま進められている再生建築であるが、手法に対する指針がまとめられ、清く、正しく、美しく施工されることで、長寿命建築が実現すると考えている。その基準づくりは、今後、大きな論争の中においてなされていくと思う。私の事務所では、リファイニング建築の技術的な基準について先に記載したことをベースにマニュアルをつくっているが、しかし、最も基本的なことは担当者の心の問題である。例えば、現場で、即座に判断しなければ工事に支障を来す場合、担当者はどのような基準で判断したら良いのであろうか。マニュアルはあくまでもマニュアルであり、マニュアルを超えたことが現場では数多く発生する。その時、それが自分の愛する人の家、たとえば「母の家」だったら、だめなものはだめだというだろうし、納得すればOKを出すだろう。つまり、「母の家」をつくるような気持ちであらゆる判断をすれば、建物は安全で、かつ経済的にも合理性を持ち、長時間の使用に耐えられる建築になるのではないかと思う。「いつ」「誰が」「どこで」「何を」どう決断したかという決定のプロセスを明確にすること、そして「母の家」という原点があれば、臆することなく再生建築に立ち向かうことができるのではないだろうか。人間はどこかで判断をしなくてはいけないし、また誤りがあれば一定のけじめをつけなければならない。私はスタッフに対しても、このようなことをなるべく早い時期に教育しておく必要があると思っている。

都市住宅のリファイニング建築モデル

建築界を取り巻く状況はこの25年間で一変した。特に姉歯事件により、性善説に基づいていた建築基準法が性悪説へと変わり、われわれ建築家はまるで被告席に立たされているような時間が流れている。私が知る限りにおいて、建築家自らの手によってこの姉歯事件を解決する方法は見つからないまま、われわれ建築家はお上の決めたことにひたすら従うばかりである。私もこの事件のとばっちりを受けた一人であるが、ひたむきに、ひたすらリファイニング建築という手法に立ち向かうことによって、クライアントの信頼を勝ち得ることができたと考えている。

今、胸をよぎるのは、私に建築再生を依頼するクライアントの苦悩である。新築と違い、リファイニング建築の調査には数々の手間と費用がかかる。その費用は全体からみれば数％に過ぎないが、私がリファイニング建築を始めた頃は、それさえもらえないこともたびたびであった。しかし今、姉歯事件が落ち着くにつれ、確認申請や検査済証の必要性に迫られたクライアントは、多少の無理をしてでも私の申し入れを受け入れてくれる。それを間近に見ているうちに、やはり自分で実感してみなければ、クライアントの本当の苦労は理解できていないのではないかと考えた。そこで自分自身でリファイニング建築の人体実験を試みることにした（「YS BLD.」）。

そしてその建物が完成し、現在、実用段階に入った。今のところすべてが計画どおりに進んでいる。「YS BLD.」は庶民に手の届く都市住宅としてのリファイニング建築のモデルである。自分自身を実験台とすることで、日本の都市の住宅問題に対してひとつの回答を得、またクライアントの苦しみも喜びも味わうことができたのは、私にとって大きな収穫であった。

「YS BLD.」の計画に際して、約1年間にわたり、某銀行とディスカッションを重ねた。財務省が定めた耐用年数を超えた建物に対し、融資が可能かを議論してきたのである。結果的には、確認申請を改めて提出し、検査済証が下りれば、一定の基準はクリアでき

YS BLD.（2011）

る。あとは、リファイニング後の建物に何年耐用年数があるかということであった。それについては、中性化との因果関係で築年数から中性化を測定、中性化されていない被り厚さを判断し、耐用年数を決めることで決着した。残された問題は税金の問題であり、償却年数を何年とするかについて、税理士と協議を進めている。この問題が決着すれば、かなりの資金がストック業界に投入されると確信している。

大学での調査研究から

『団地をリファイニングしよう。』(2011)表紙

　現在私が席を置く首都大学東京では東京都と連携し、都市課題解決のための共同プロジェクト（L.P.Met：Leading Project for the Metropolis）を実施しているが、その中のひとつに私がプロジェクトリーダーを務める「リファイニング建築開発プロジェクト研究」がある。「団地」と呼ばれる公営集合住宅の膨大な量のストックは、今、末期的な状況である。この数年、ふたつの自治体の団地の詳細な調査を行ったが（『団地をリファイニングしよう。』）、使用されていない室内は、想像を絶する荒廃ぶりである。早急に手を打たなければ、ほとんどの建物がスクラップアンドビルドを余儀なくされるだろう。しかし、今日の経済状況や、地球環境問題を考えれば、スクラップアンドビルドは容易に叶うものではない。

　民間の賃貸集合住宅については、居ながら施工などかなり難度の高い例の実績を積んできたので、あまり心配していないが、公営住宅はなかなかの難問を抱えている。立地条件的にも無理をして建てられたものが多く、また一挙に建てられているため、均一な間取りや無機質なデザインのものが多く、現在の多様化する要求には応えられていないのではないだろうか。東京都が抱える団地では入居率が高い所もあるが、地方では苦戦が続いている。私が調査した団地でも、立地条件により大きく差が出ている。このような団地を再生する場合、詳細な調査を行い、その立地に適した対応を考えながら再生を図らなければ、再生後の30～50年といった長期スパンには耐えられないのではないだろうか。

東久留米市西団地

　例えば、東久留米市西団地は空室率2％であるが、この団地全体を再生するためには果たして何年かかるのであろうか。順次リファイニングしていくとすれば、途方もない時間が必要だ。そこでその対策として、団地内に再生を行う施工者を住まわせ、施工を行えば、住人の世代交代も起こるし、何よりも地域自体の生産が上がる構造となり、地域の活性化につながるのではないか。団地内で生産活動を行うことをソフトとして導入しなければ、団地再生の活路は見いだせないのではないかと考えている。特に、空室率が30％を超えている団地はもはや末期的症状にあり、早々の着手が必要である。

　これらの団地をリファイニングするための技術的な問題については、私が今日まで経験してきた民間集合住宅のリファイニングにおいてほぼ培われてきている。民間集合住宅においては、何よりも事業収支が一番のポイントである。民間集合住宅は好立地のものが多く、立地条件の心配はないが、事業収支は厳しく求められるため、それに対応する工法やプランを選んできた。だが、残念なことに、分譲集合住宅においてはいまだに完成した建物がない。現在、ふたつの分譲集合住宅のリファイニングの基本構想を行っているが、これが完成すれば、またひとつ山が越せるのではないかと考えている。

No.1 満珠荘 リファイニング
Refining of Manjuso

光と風が抜ける垂直空間の新設と、フロアの入れ替え

配置　1/1600

2階ラウンジ、レストランフロア。窓外に関門海峡をまたぐ大橋・高速自動車道、左方面は門司

北側全景。手前に飛び出ている部分がアプローチ

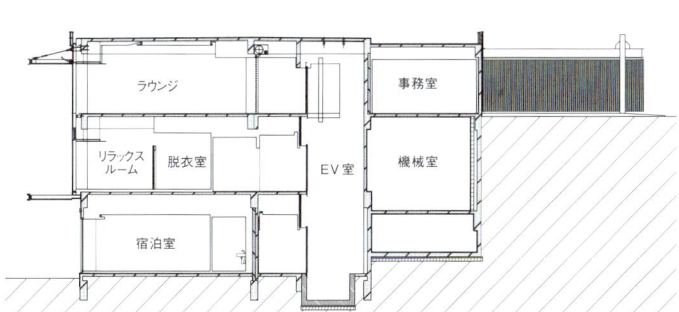

南北断面　縮尺1/350

アプローチ。入口ホール、ロビー、ラウンジへとつながる

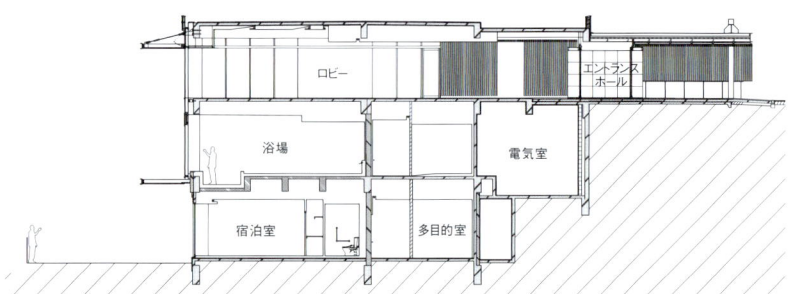

南北断面　縮尺：1/350

上：1階浴場（瀬戸内海方向を望む）
下左：同浴場（海峡大橋側を望む）
下右：リラックスルーム

上：南側外観。グレージングを庇に応用
下：宿泊室。色彩で各室を特徴づけている

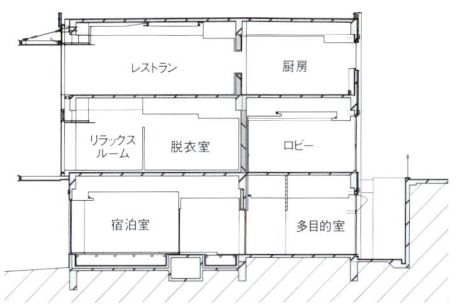

南北断面　縮尺1/350

左：リファイニングで新設された階段。トップライトから光を地階まで導入する

右頁：
上：1階ロビーと新設の3層吹抜けの階段室
下左：地階多目的室
下右：光と風を導入する3層吹抜けの階段室と宿泊室の廊下

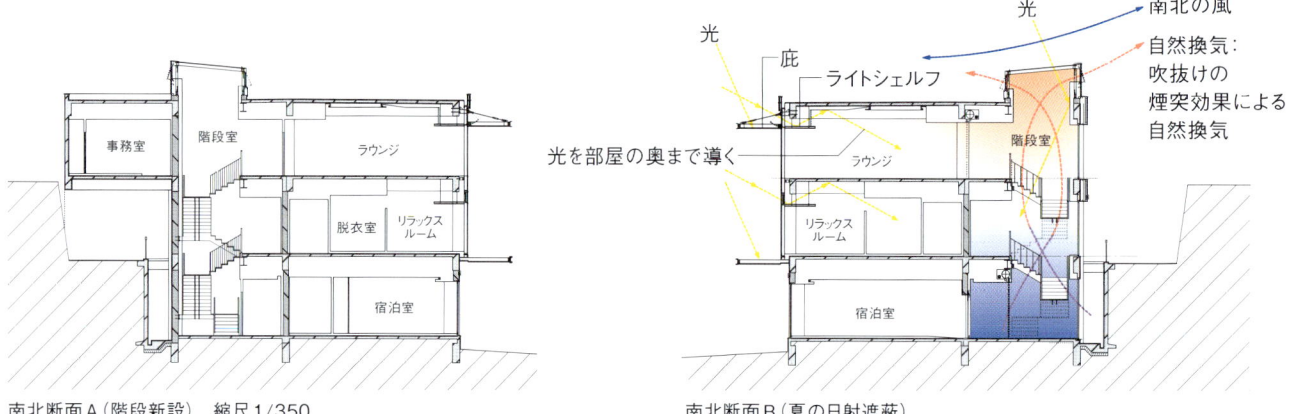

南北断面A（階段新設）　縮尺1/350

南北断面B（夏の日射遮蔽）

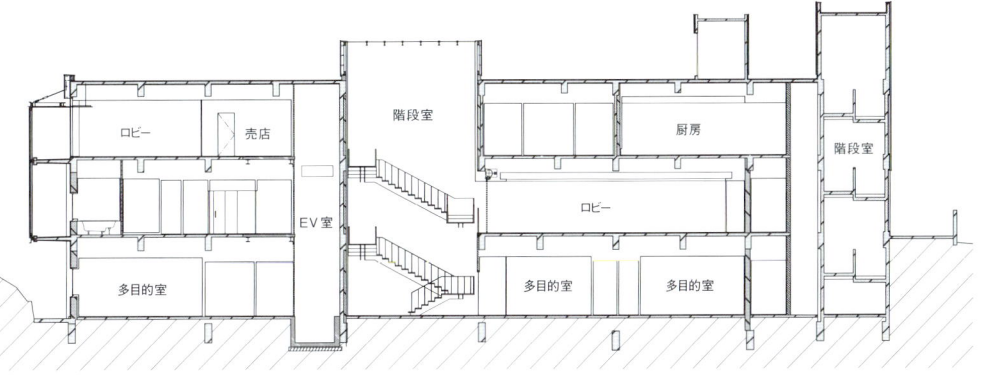

東西断面　縮尺1/350（エレベーター新設）

既存平面

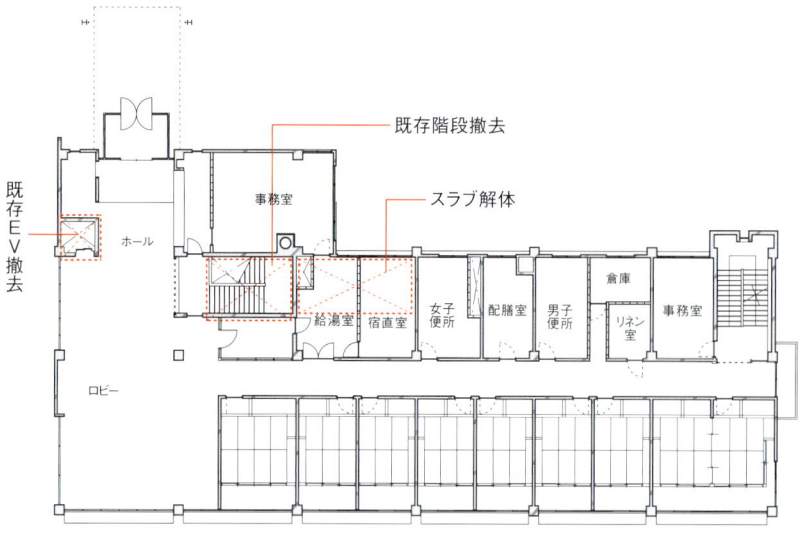

2階平面 (before)

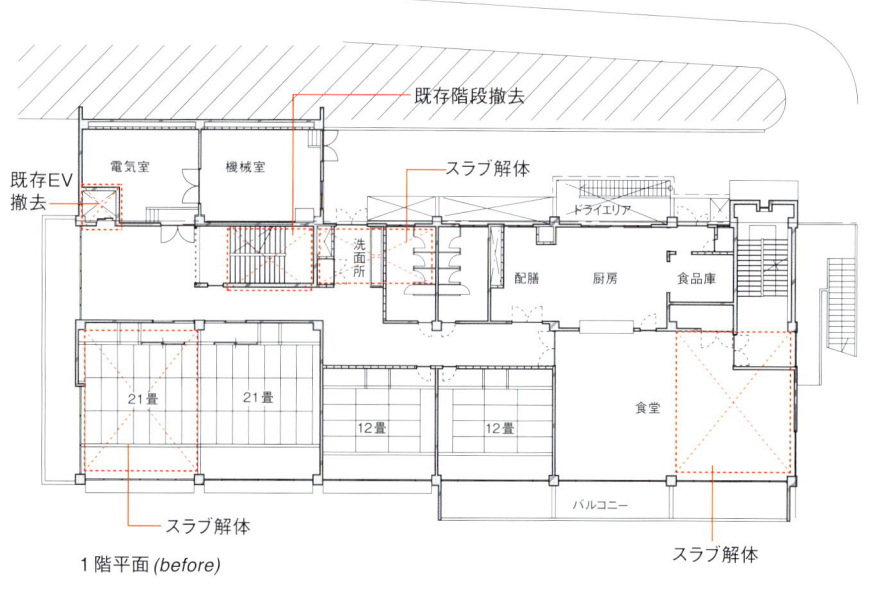

1階平面 (before)

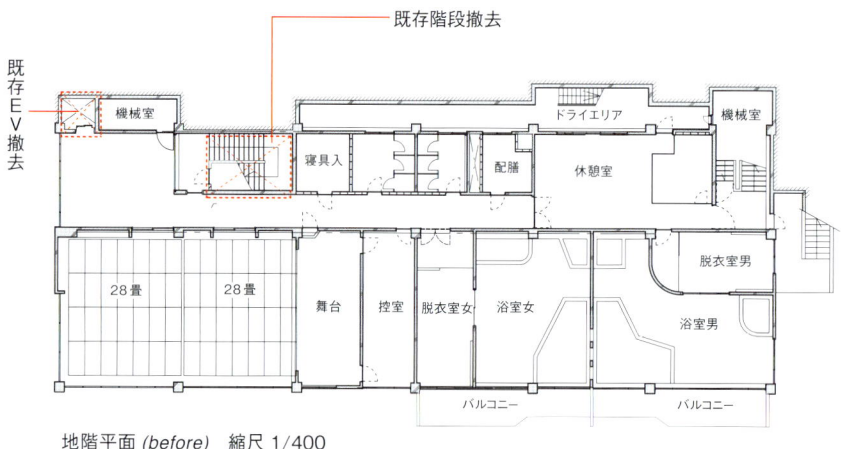

地階平面 (before)　縮尺 1/400

リファイニングのポイント

■**2階（最上層）**
・利用者のアクセス階。当初6〜12畳の和室の宿泊室があったが、リファイニング後はワンルームとし、市民が気軽に立ち寄って眺望を楽しめるラウンジと食堂を計画した。
・食堂には小人数から大人数のグループに対応できるように、移動可能な畳の座敷を配置した。
・建物の中央付近の床を解体、吹抜けを設け、縦動線となる階段を設置した。上部はトップライトとし、地階に自然光を落とすとともに、吹抜け最上部の南北面に換気窓を設けて煙突効果による自然通風を計画した。

■**1階（中間層）**
・浴場は当初最下層の地階に配置されていたが、利用率が非常に高いことを考慮し、リファイニング後は1階に計画。入浴しながら眺望を楽しめる浴場とした。
・浴場を東西2箇所に配置することで、関門橋や周防灘といった、それぞれ異なる景色を楽しめるようにした。
・浴場を建物の両端に配置することで、排水管を最短ルートで外部に出すことが可能となり、メンテナンス性が向上した。

■**地階（最下層）**
・最下階は大広間があるために耐力壁が少なく、建物全体の構造的なバランスが悪かった。リファイニング後は宿泊室を配置し、区画壁を耐震壁として多く配置することで、耐震壁の配置バランスを向上させた。
・最下階に宿泊室を配置することで、就寝時、火災などの緊急時に即座に屋外に避難できるようにした。
・宿泊者が自分の部屋を認識できるように、宿泊室の壁の一面をそれぞれ異なる色で仕上げた。

リファイニング後平面

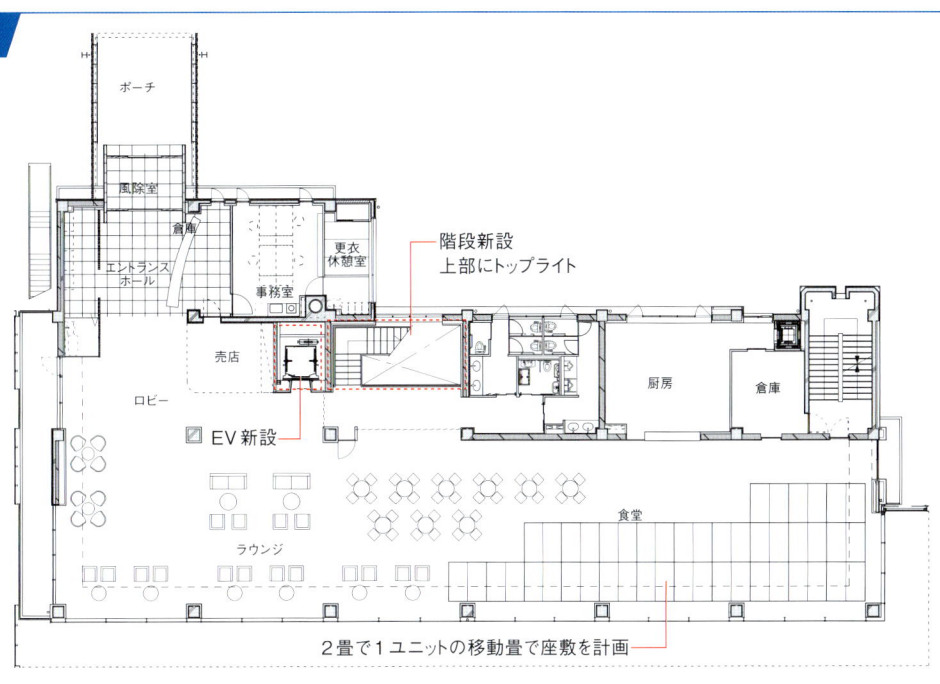

2階平面 (after)

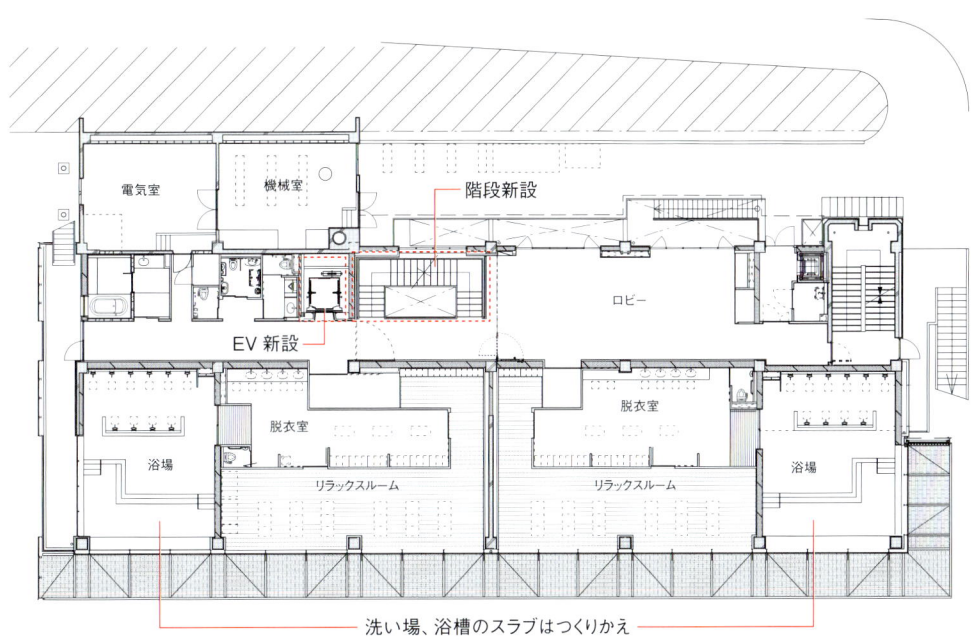

- 階段新設 上部にトップライト
- EV新設
- 2畳で1ユニットの移動畳で座敷を計画

（ポーチ、風除室、倉庫、エントランスホール、更衣休憩室、事務室、売店、ロビー、ラウンジ、食堂、厨房、倉庫）

1階平面 (after)

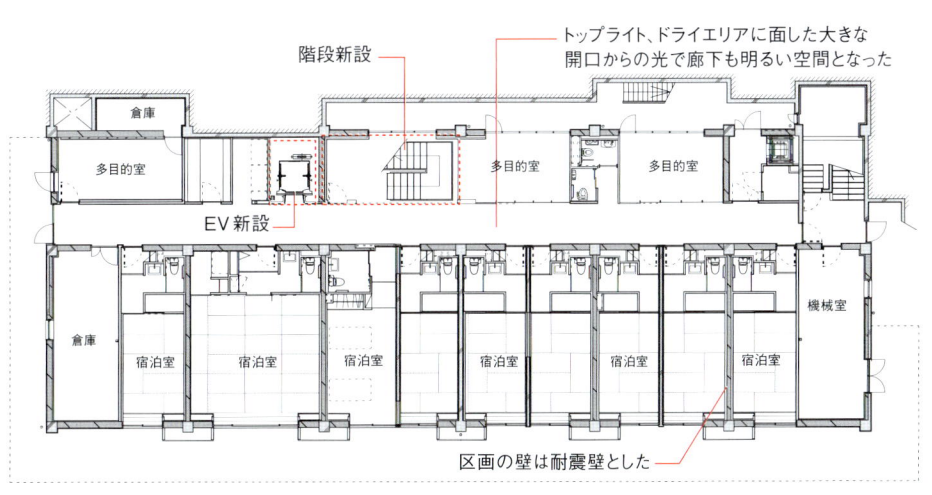

- 階段新設
- EV新設
- 洗い場、浴槽のスラブはつくりかえ

（電気室、機械室、ロビー、脱衣室、浴場、リラックスルーム）

地階平面 (after) 縮尺 1/350

- 階段新設
- EV新設
- トップライト、ドライエリアに面した大きな開口からの光で廊下も明るい空間となった
- 区画の壁は耐震壁とした

（倉庫、多目的室、宿泊室、機械室）

大庇を取り入れて海側ファサードを一新し、趣を変えた南側外観。地階は宿泊室のフロアとし、間仕切り壁を耐震補強に利用している

既存:
左:南側外観
右上:1階21畳和室
右下:地階、舞台のある28畳和室

東側外観。グレージングを用いた大庇が外形を整えている

リファイニングのポイント

上:最上階（2階）、既存の間仕切りを解体

中:フロア解体後、左手に垂直光空間を導入。この3層吹抜けに階段を設置した

下:リファイニング後のラウンジ。南側には耐震要素を設けずに全面開口とし、眺望を確保した。折り上げ天井は関門海峡の波をイメージしてデザインしたもの

南立面　縮尺1/350

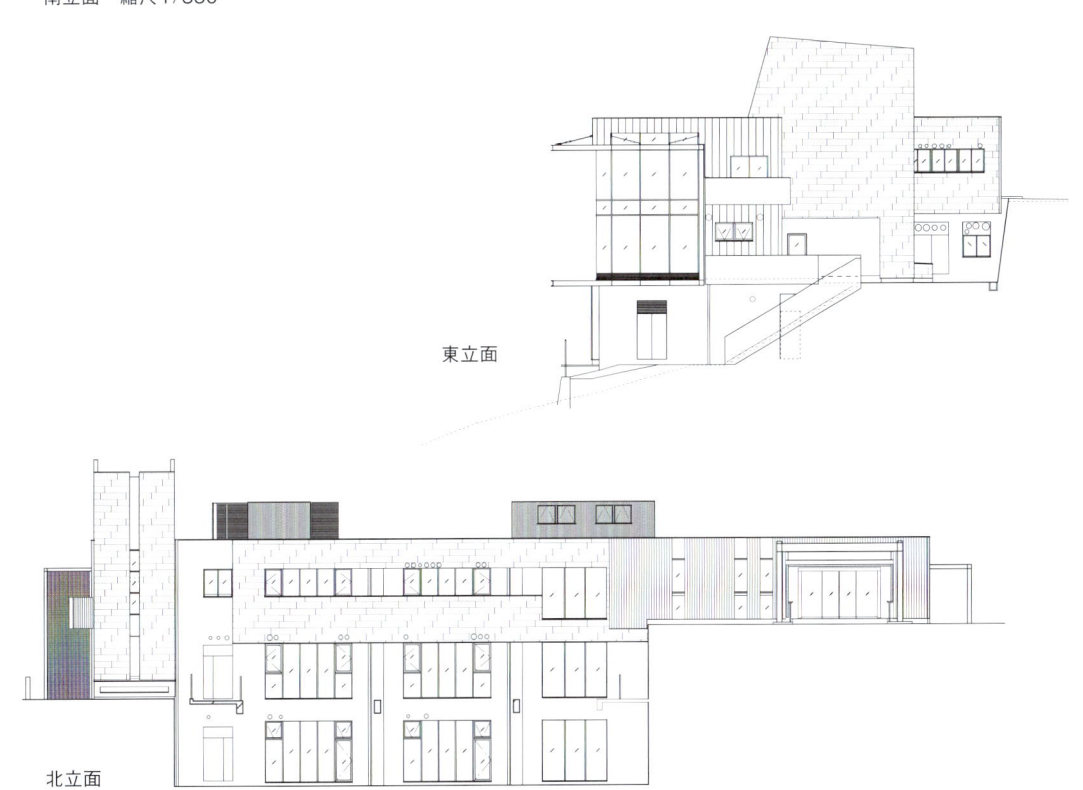

東立面

北立面

北東側外観

解体・補強工事

リファイニングのポイント

左上：2階フロアの一部解体中
左中：1階フロア部分解体中。左手壁に旧階段の痕が残る。この部分はエレベータ設置スペース分を残し、床工事を施す。この先の1スパン、3層分の床を解体、取り除き、吹抜け空間を設け、屋上はトップライト工事を行う
左下：地階フロア解体・補強
右上2点：屋根スラブ解体とトップライトの設置

上：工事現場、関門大橋が見える
下：既存時の背面

既存浴室（地階）解体後。ドライエリア方向を見る

既存スラブ解体後（地階）。既存地中梁が見える

1階厨房解体後。リファイニング後はロビーになる

浴室部分の1階スラブ解体で一時的に吹抜けとなった状態を地階より見る。（上）同状態を1階より見る

リファイニング中の1階浴場　スラブ型枠

新規階段をつくるために既存スラブを解体中

既存柱の断面欠損補修要領を確認中

1階リラックスルームとなる場所から浴室を見る

耐震壁配筋（2階）

耐震壁配筋（2階）

耐震壁配筋（2階）

増打ち耐震壁（2階）あと施工アンカー

あと施工アンカーの引き抜き試験（下向き）

地階耐震壁コンクリート打設中。上の人はコンクリートを打設し、下の人は型枠を叩いている

ダイアグラム

1. 既存建物

1973年に建設された地下1階、地上2階のRC造の老人休養施設をリファイニングするプロジェクト。

防水押さえコンクリート解体

庇・手摺り解体

構造上不要なRC壁解体・サッシ撤去

構造上不要なRC壁解体

サッシ撤去

構造上不要なRC壁解体・サッシ撤去

2. 解体による軽量化

構造上不要なRC壁の解体、防水やり替えに伴う既存防水押さえコンクリートの解体等を行い、建物本体の重量を軽くする。

6. リファイニング完了

スラブ開口（軽量化）

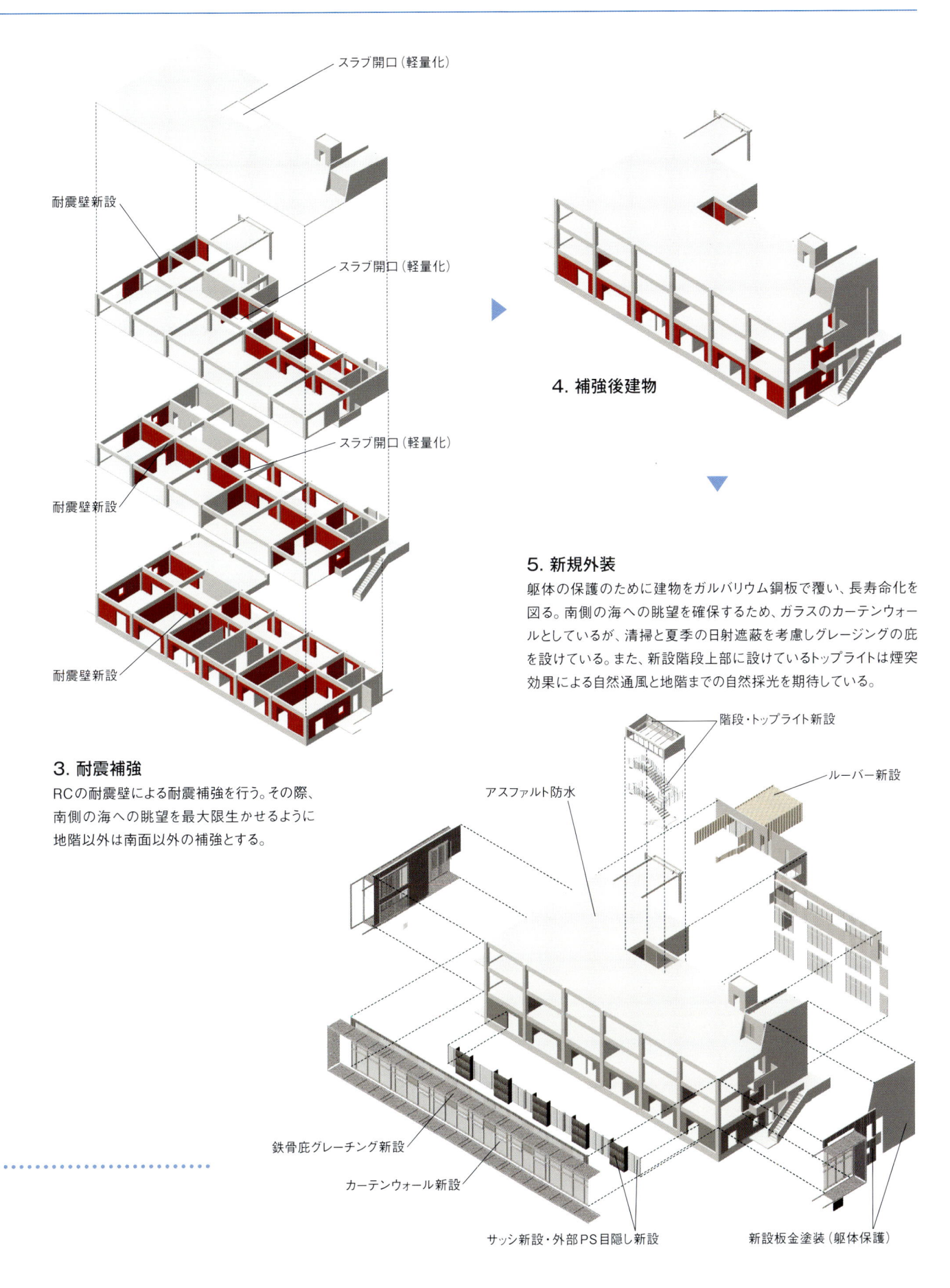

耐震壁新設

スラブ開口（軽量化）

スラブ開口（軽量化）

耐震壁新設

耐震壁新設

3. 耐震補強
RCの耐震壁による耐震補強を行う。その際、南側の海への眺望を最大限生かせるように地階以外は南面以外の補強とする。

4. 補強後建物

5. 新規外装
躯体の保護のために建物をガルバリウム鋼板で覆い、長寿命化を図る。南側の海への眺望を確保するため、ガラスのカーテンウォールとしているが、清掃と夏季の日射遮蔽を考慮しグレージングの庇を設けている。また、新設階段上部に設けているトップライトは煙突効果による自然通風と地階までの自然採光を期待している。

階段・トップライト新設

ルーバー新設

アスファルト防水

鉄骨庇グレーチング新設

カーテンウォール新設

サッシ新設・外部PS目隠し新設

新設板金塗装（躯体保護）

43

満珠荘・リファイニング

関門海峡を堪能する老朽化した公共施設を一新

　満珠荘は下関の関門海峡を見下ろす高台に位置し、長く市民に愛された宿泊施設であったが、機能が次第に陳腐化し、このたびリファイニング建築により甦ることとなった。この周辺には関門景観条例があり、外部デザインについては色彩等が規制されていて、華美なデザインは望まれていなかった。そのため、緑の中に埋没するような構成として計画を進めた。

　目の前に関門海峡と関門橋が迎えてくれる絶好の場所である。場所を読み込み、それを建物に取り入れることから作業を開始した。既存建物は地上2階地下1階の3層だが、傾斜地に建っているため、3層目の2階部分がアプローチとなっている。2階のエントランスから入ったメインロビーは、関門海峡を一望でき、眼下に潮の流れに沿ったり抵抗したりしながら運行する船舶を見ることができる。時には潜水艦等が浮上し運航する様子など、この場所でしか見られない光景があり、一日眺めていても飽きない。対岸には、北九州市の門司の街や港湾施設、そして豊後水道も見渡すことができる。

　この風景をめいっぱい取り込むために3面をガラス張りの空間とし、270度のパノラマを楽しむことを第一とした。1階フロアには、日によって男女が交替で使用できる2つの風呂と休憩室を用意した。ここでも眺望を第一とし、特に風呂は90度のL型で、お湯に浸かりながら風景を楽しむことができるように設計した。もう1階分下りた地階にあたる部分には客室を配置し、ゆっくり宿泊できる、落ち着いた室内環境としている。

　この3層の建物の中心に、地階から屋上まで縦穴を通して光が地階まで届く吹き抜けを設けた。この吹き抜けにより、屋外が無風の状況でも温度差により空気が流れ、自然換気に配慮した建築になっている。2011年8月10日に行われた解体・補修補強工事が終了した段階の見学会には、50名ほどの参加者が集まり、全員で施工のチェックを行い、建物の安全性を確認していただいた。既存建物自体、レベルの高い施工がされており、あまり心配のない状況であったが、増し打ちされた耐力壁などを見てもらうことにより、より安全な建物となったことを納得していただけたのではないかと思う。

　地階から2階まで3層分の吹き抜けは階段室となるが、この見学会の段階でも思った以上に光と風が取り込まれていることが確認できた。古い建物のじめじめとした室内が一掃され、明るい快適な建物になることが期待でき、見学会に参加された市会議員の方々にもご理解いただけたようだ。今回の事例は、今後、老朽化した公共建築においてリファイニング建築を採用する一里塚になるのではないかと考えている。

左:2階ラウンジ・レストラン。一部畳敷きスペースを設けている
右2点:解体終了後に開かれている現場見学会。青木氏および現場担当スタッフが説明に当たる

Refining of Manjuso
Renewal of old public facilities with a great view of the Kanmon Straits

Manjuso is located in an upland area in Shimonoseki facing Kanmon Straits and has been loved by the citizens for a long time. However the function of the building had become degraded and had to be recovered with refining technology. Colors and other aspects of the external design are regulated by Kanmon landscape regulations for this area and hence ornate designs were not permitted. So I planned to put the building in a green environment.

The location was excellent with a view of Kanmon Straits and Kanmon Bridge. I tried to take advantage of the place for the design of the building. The existing building had two stories above ground and one below. Since the building was on a slope, the entrance was on the top floor. From the main lobby inside the entrance on the top floor, we could see Kanmon Straits and ships coming and going as the tide ebbed and flowed. In some cases we could even see submarines passing by out at sea. This is an incredible viewing point with the sea providing an endlessly changing vista. We could also see Moji town of Kitakyushu City and port facilities on the opposite shore, and Bungo Channel.

To have a 270°-wide panoramic view of this landscape, glass windows were used for three faces of the space. Two bathrooms and rest rooms that men and women could use in turn from day to day were made on the first floor. Also to have a good view, the bathrooms were made L-shaped so that users could enjoy the landscape from the bathtub. On the first basement level, guest rooms were made for guests to stay comfortably.

We also made an atrium in this three-story building by installing a vertical shaft space from the basement to the top so that sunlight could reach the basement level. The temperature difference in this atrium created an air flow even when no wind blew outside the building, realizing natural ventilation. In the observation tour held on August 10, 2011 after the building was repaired and reinforced, 50 participants checked the construction and the safety of the building. Since the existing building had been originally built using high-level technology, we had no concern about its safety even before the renewal. But the participants seemed satisfied with the safer building, looking at the reinforced walls with additional concrete.

The atrium from the basement to the second floor above the ground is a staircase. We confirmed in the observation tour that even more sunlight and wind entered the building than expected. The humid atmosphere of the old building was cleared and changed to a bright comfortable building, which seemed to impress the city councilors who joined the tour. This case could be a milestone for future refining work of old public buildings.

No.2 清瀬けやきホールリファイニング
Refining of Kiyose Keyaki Hall

外装・内装とも一新、街の新しい顔をつくる

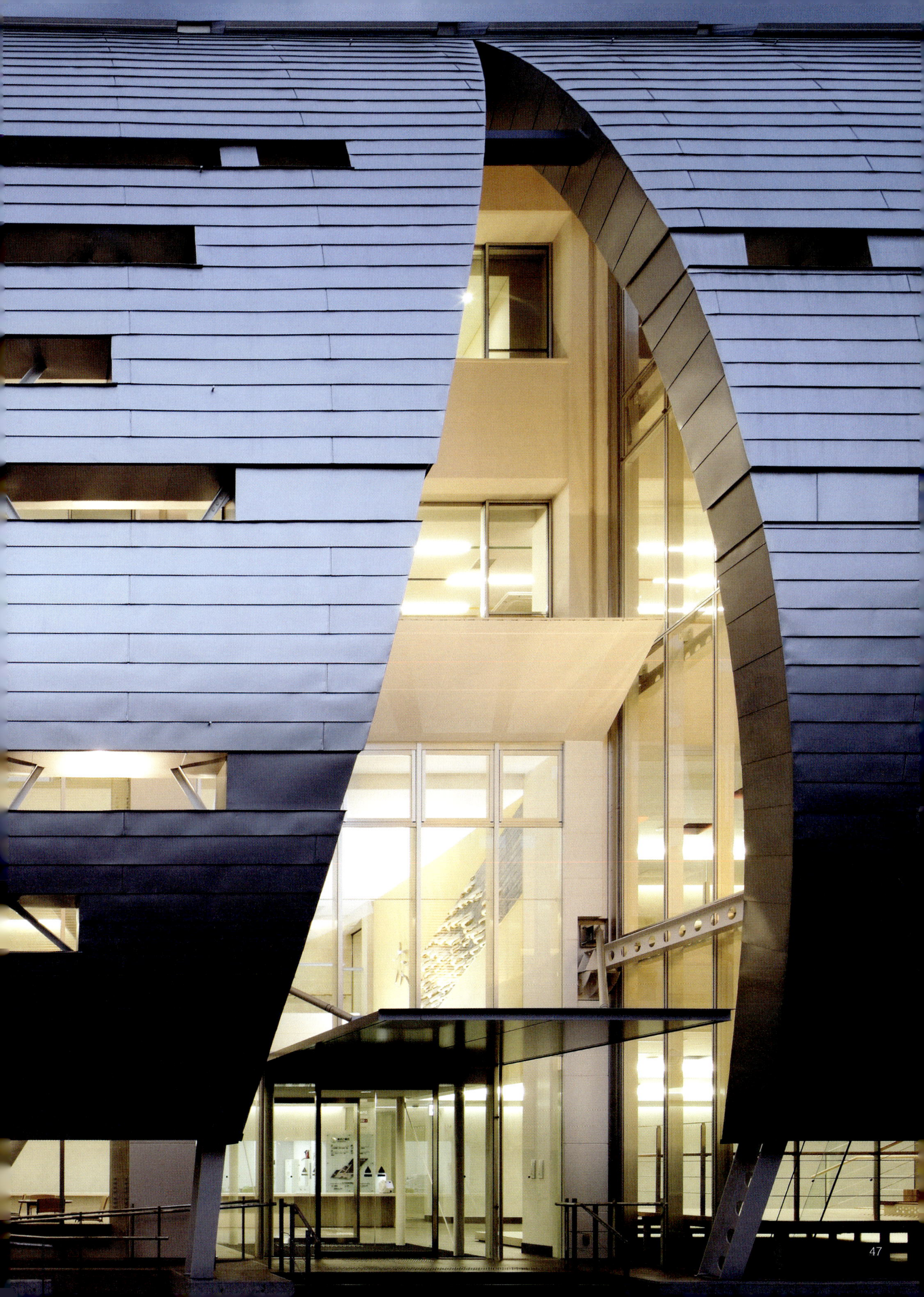

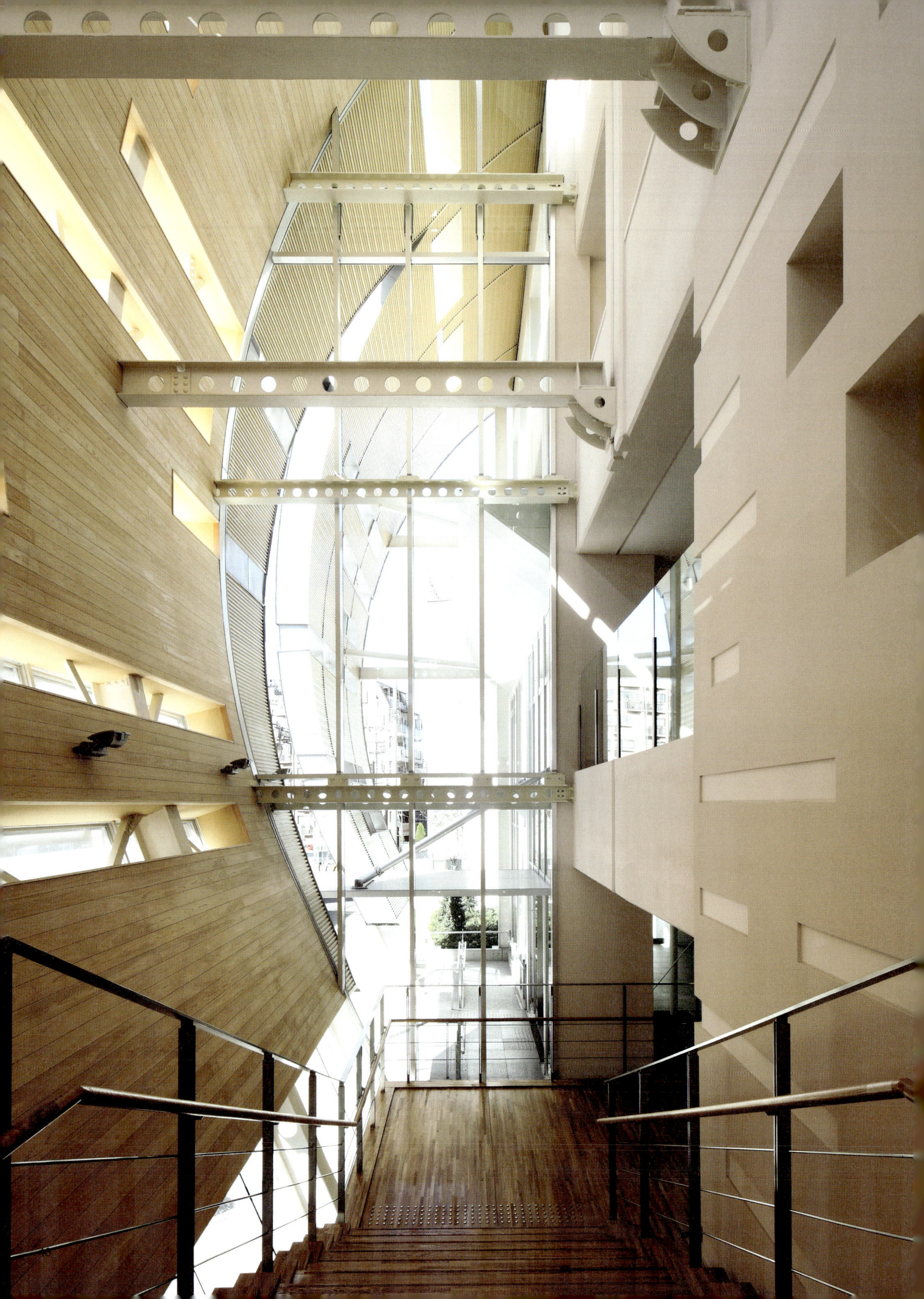

左頁：R状壁の内側は2階にあるホール・ホワイエへ至る階段室。不燃木羽目板張り仕上げのR状壁がアプローチ空間を豊かにしている

左：上部がふくらんだR状の壁は、歩道を歩く人に威圧感を与えない
下：1階共用ロビーと2階ホワイエへ至る階段。ときにステージとしても使われる

50

演奏会の風景。
客席の階段形状をレベルアップし、より良い鑑賞空間とした。また、バルコニー席を設けることにより、演奏者にとってもいっそう高揚感が持てる劇場空間となった。仕上げに木材を多用し、優しく心地よいホールに生まれ変わった
下2点 (before)：旧ホールの客席はほぼ平坦であった

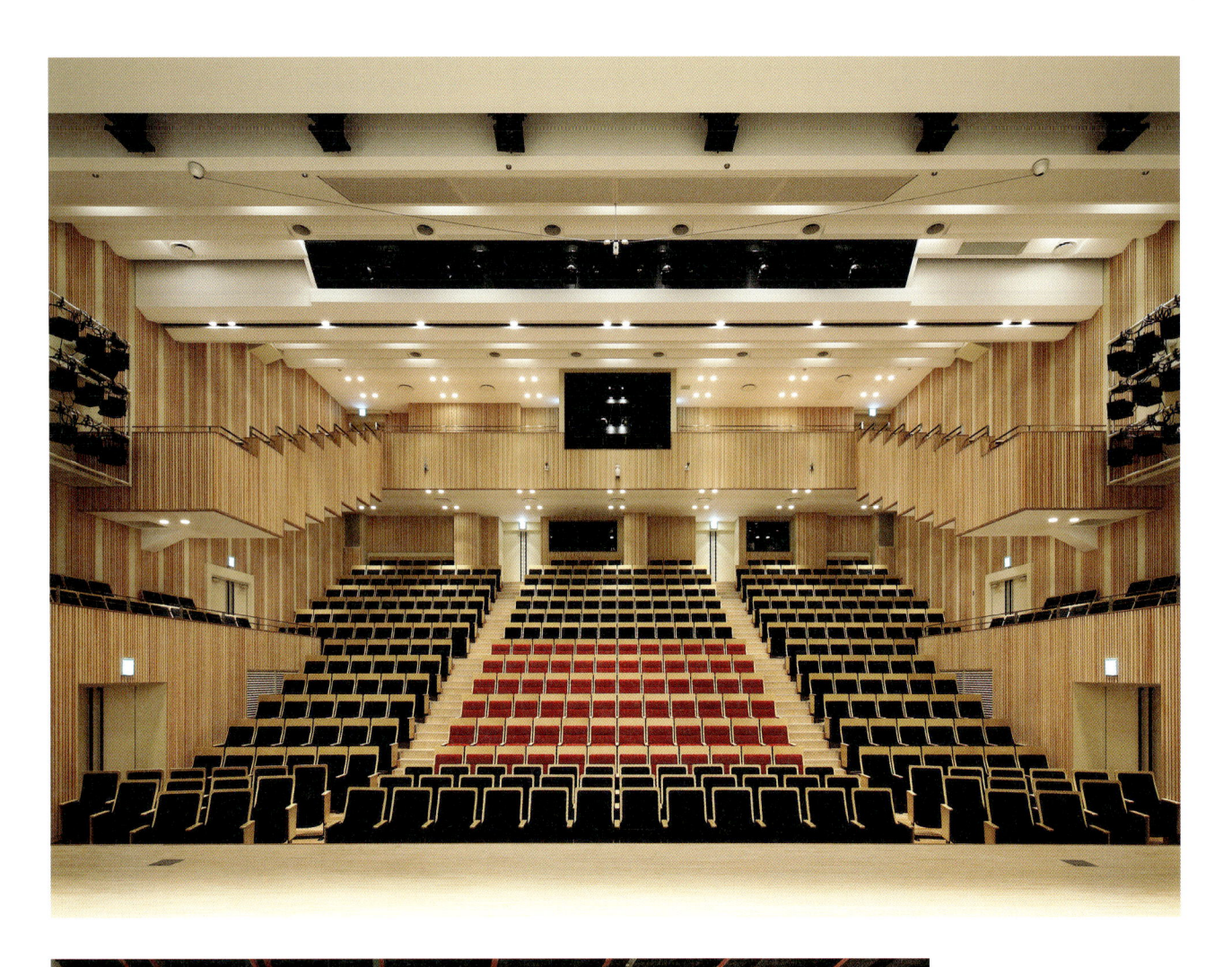

上:階段状客席とバルコニー席を増築。舞台と一体感のあるホールに生まれ変わった。客席数は481席から508席に増加した

下:ホールのリファイニング工事中。客席から舞台を見ている。旧ホールの舞台、客席ともすべて解体し、新たに床の基礎をつくっているところ

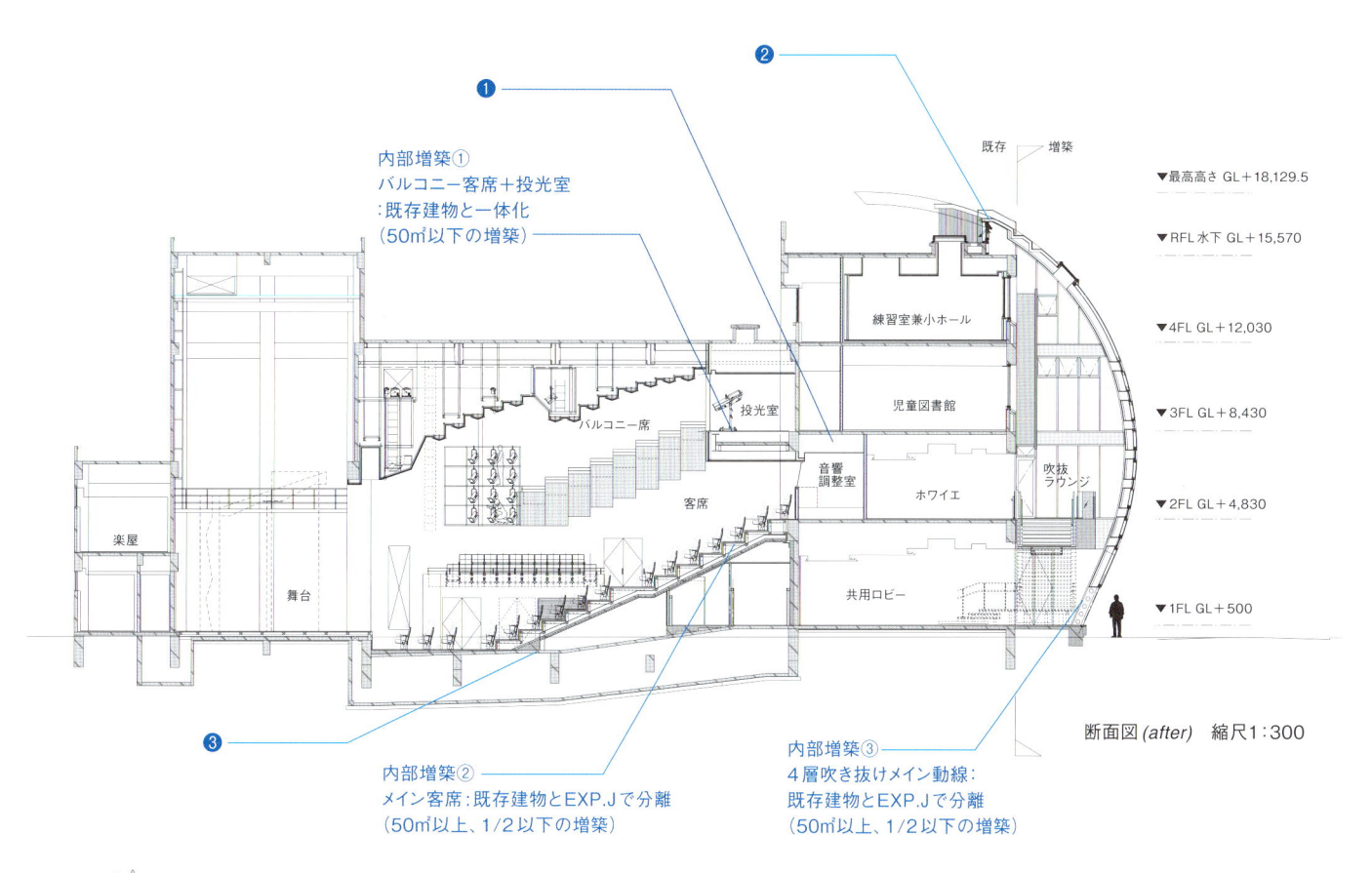

❶ 内部増築①
バルコニー客席＋投光室
：既存建物と一体化
（50㎡以下の増築）

❷
既存　増築

▼最高高さ GL＋18,129.5
▼RFL水下 GL＋15,570
▼4FL GL＋12,030
▼3FL GL＋8,430
▼2FL GL＋4,830
▼1FL GL＋500

練習室兼小ホール
児童図書館
ホワイエ
吹抜ラウンジ
投光室
バルコニー席
音響調整室
客席
楽屋
舞台
共用ロビー

❸

断面図 (after)　縮尺1:300

内部増築②
メイン客席：既存建物とEXP.Jで分離
（50㎡以上、1/2以下の増築）

内部増築③
4層吹き抜けメイン動線：
既存建物とEXP.Jで分離
（50㎡以上、1/2以下の増築）

リファイニングのポイント

❶既存建物の梁せいを確認の上、設備の配管計画を行い、天井高さを設定。主要諸室の天井高さを最大限確保。

❷雨仕舞いを考慮し、増築屋根（S造）を既存（RC造）に覆い被せた。さらに増築部と既存部の層間変異差を考慮して、エキスパンションジョイントを採用。

❸バリアフリーを考慮して、先に既存部分の床レベルを設定し、それに連動して増築部分の床レベルを設定。上下の断面図を比較してみると、鑑賞空間としての客席の改善およびバルコニー席の増設、音響空間としての改善を図った。

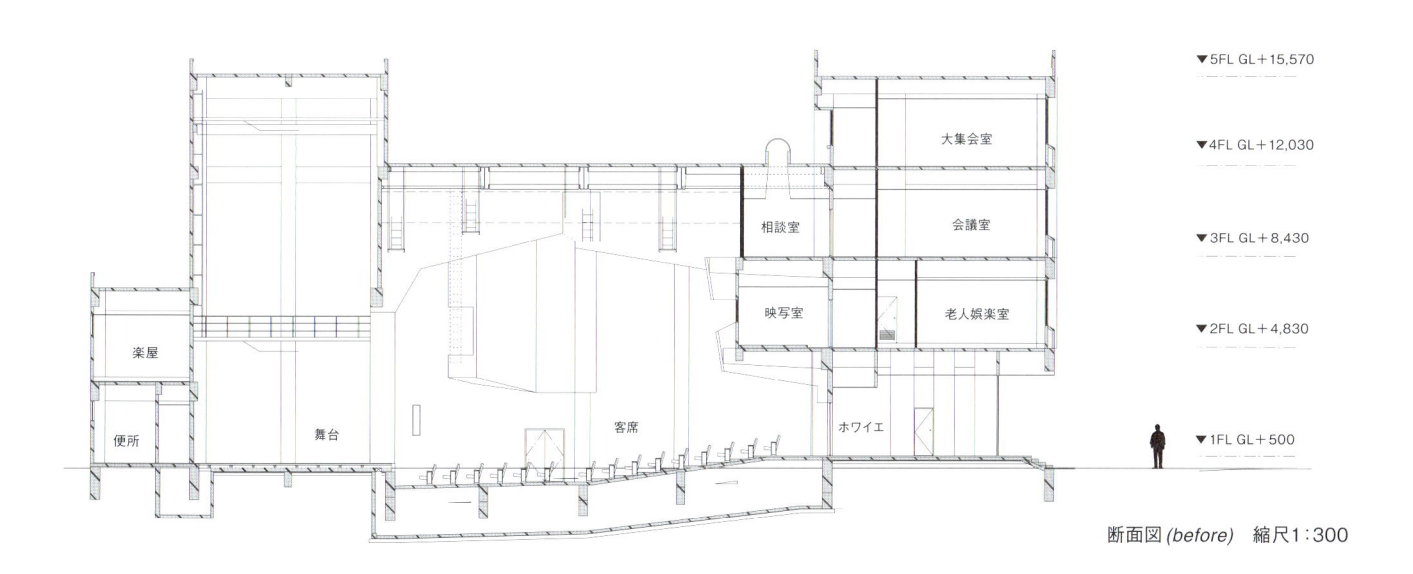

▼5FL GL＋15,570
▼4FL GL＋12,030
▼3FL GL＋8,430
▼2FL GL＋4,830
▼1FL GL＋500

大集会室
会議室
老人娯楽室
相談室
映写室
楽屋
便所
舞台
客席
ホワイエ

断面図 (before)　縮尺1:300

配置計画

3つの増築
1. 北側：搬入口の2重扉化、倉庫、楽屋の充実を目的に増築。
2. 南側：外観の一新、共用ロビー（1F）、ホワイエ（2F）の充実、客席入口（2F）へのアプローチ動線を確保するために増築。
3. 東側：バリアフリー対応、アプローチ動線を再構築するために増築。

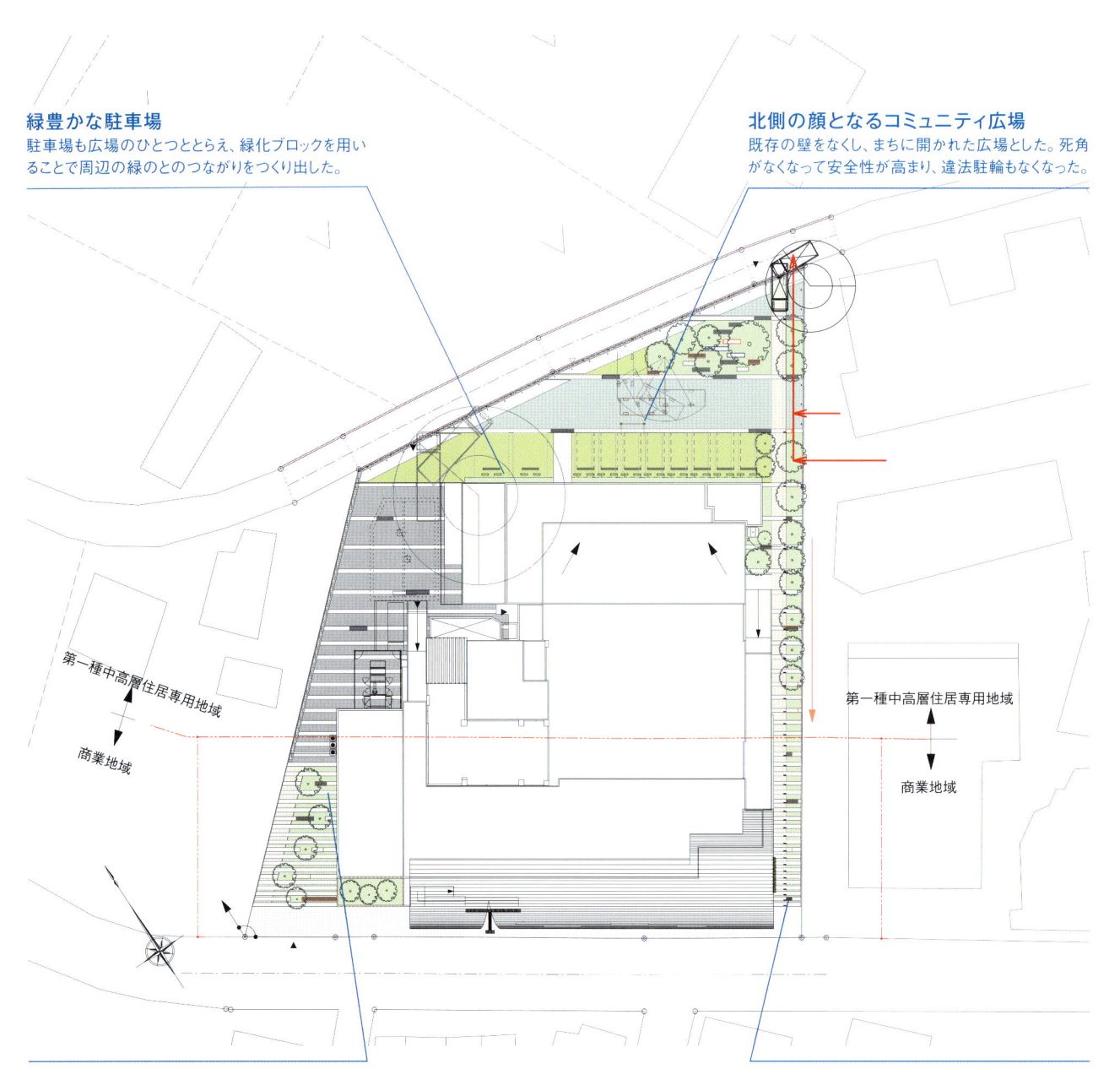

緑豊かな駐車場
駐車場も広場のひとつととらえ、緑化ブロックを用いることで周辺の緑とのつながりをつくり出した。

北側の顔となるコミュニティ広場
既存の壁をなくし、まちに開かれた広場とした。死角がなくなって安全性が高まり、違法駐輪もなくなった。

第一種中高層住居専用地域
商業地域

第一種中高層住居専用地域
商業地域

街に対して開かれたコミュニティ広場
まちに対する顔となる広場は、緑豊かな清瀬の自然を代表するシンボルツリーやベンチ、散策しながら北側へと通り抜けられる飛び石等で構成されている。ベンチや飛び石には清瀬の歴史の断片を刻み、まちの歴史に思いを馳せることができる。高木は憩いの場を提供し、また大きな建物のボリュームの印象を和らげる役割も担っている。

清瀬を発見する散歩道
並木道と飛び石、ベンチなどがある「みちひろば」には、所々に清瀬の歴史の断片を刻んだ。清瀬の歴史資料館を閲覧するように、歩くごとに様々な発見ができる。
この緑のスペースは、建物内部から外部を見たときの借景ともなる。

限られた敷地の中で、駐車場、駐輪場の一部を「3つの増築」に当てたため、駐車・駐輪場台数が減少することになった。駐車場はもともと職員や出演者など関係者用だったので、イベント時にはスタッフ用の駐車場スペースを臨時駐輪場とする等、運営面で工夫し、対応することにした。

　リファイニング前、東側の敷地内通路を市民は道路とみなして通行していた。今回のリファイニングでは、東側通路を歩行者と自転車のみ通行可能として、かつての使われ方を継承した。

　通路、駐車場、駐輪場等は、リファイニング前のように塀で閉鎖型にするのではなく、まちに対してオープンにし、歩行者が自由に往き来できる通路とした。また、地域の目が行き届くように死角のない場としてセキュリティーを向上させ、地域の公園の一部となるようにした。以前はイベントがないときでも駐輪があったが、リファイニング後は違法駐輪・駐車がなくなった。

●駐車場附置義務台数
増築後の附置義務台数は15台、増築前の附置義務台数は10台（激変緩和適用）で、「増築後」マイナス「増築前」＝5台（駐車場附置義務台数）であったが、福祉用駐車場を含み11台確保した。
※駐輪場附置義務は特に無し。

許可申請・認定申請のチェック
■日影制限
計画前よりも周辺住環境に悪影響がなければ許可。増築部に関しては現行法規に適合させる。
■東京都安全条例
ⓐ前面空地規定：客席主要出入口の全面に一定規模かつ天井高さ4.5m以上の空地が必要。
ⓑ客席部の出入り口数：3階バルコニー席は2カ所以上必要。
ⓒ客席内通路の規定：3階バルコニー席は行き止まり形状不可。
↓
認定申請（建築主事および建築指導部会の判断）
↓
ⓐについて：外部に必要面積が確保可能だが、道路と近く、安全性に配慮して、1階共用ロビーおよび2階ホワイエ部分での客溜まりなど、係員の誘導によって客がエントランスにあふれないようにすることで、運営上の対応と併せて解決。
ⓑおよびⓒについて：出入口の幅、通路幅に余裕を持たせ、避難はしごの設置、およびフォロースポット室を通り抜けられるようにし、2方向避難を確保した。

上 (before)：旧建物の北側は駐車場で、裏側の暗いイメージがあり、違法駐車・駐輪も多かった
右：北側につくられた緑のスペース。建物の周囲全体が小さな公園のようになった

上 (before)：旧建物南側外観
右：リファイニング後のファサード側全景。西側の事務室を透明感のある多目的な小イベントホールに改装

1階

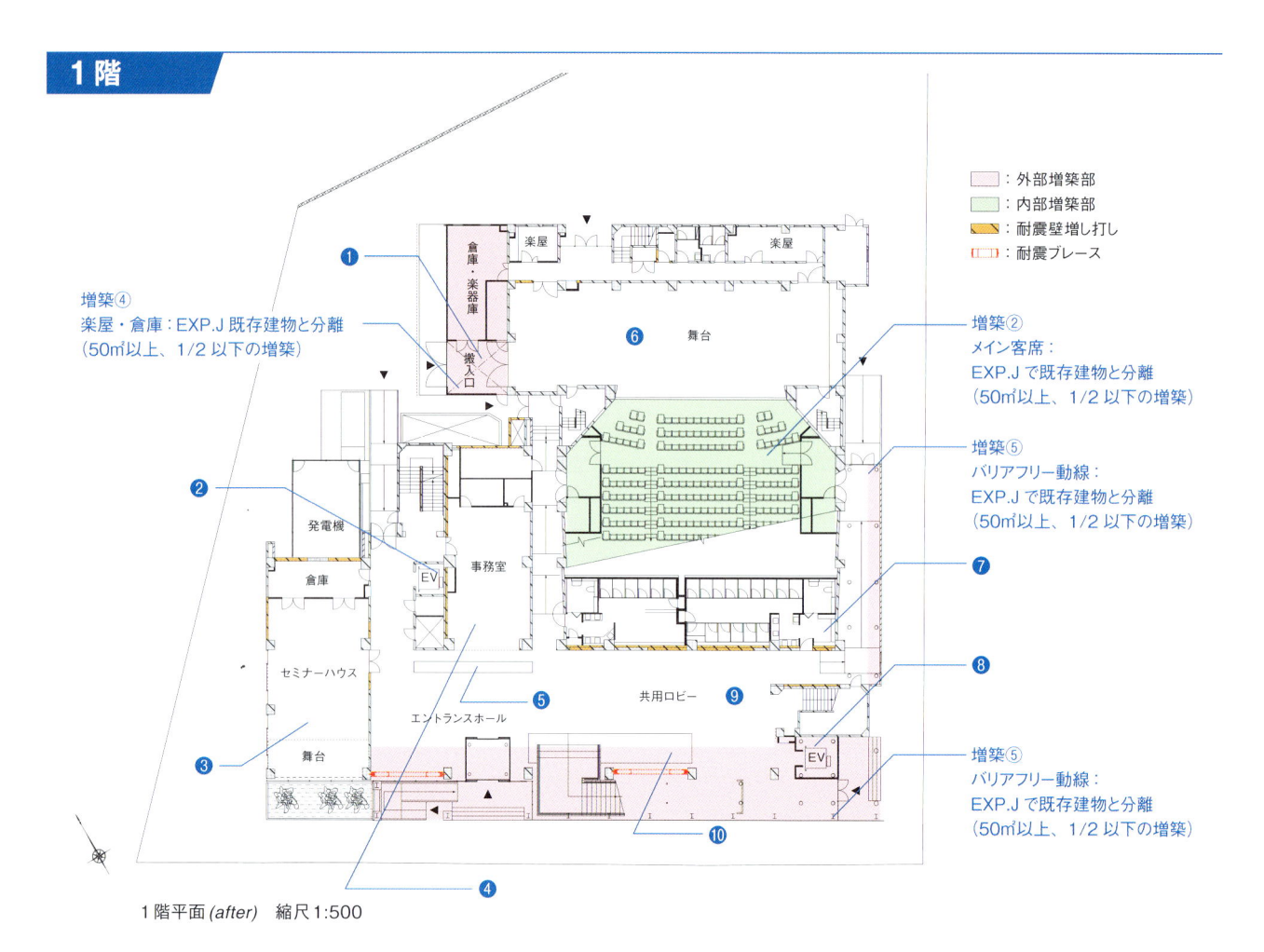

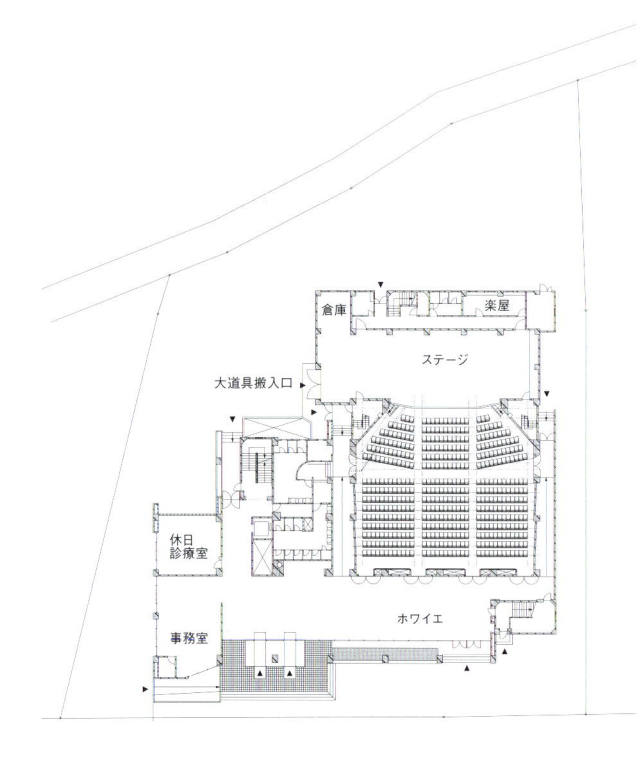

凡例:
- □ : 外部増築部
- □ : 内部増築部
- □ : 耐震壁増し打ち
- □ : 耐震ブレース

増築④
楽屋・倉庫：EXP.J 既存建物と分離
（50㎡以上、1/2以下の増築）

増築②
メイン客席：
EXP.J で既存建物と分離
（50㎡以上、1/2以下の増築）

増築⑤
バリアフリー動線：
EXP.J で既存建物と分離
（50㎡以上、1/2以下の増築）

増築⑤
バリアフリー動線：
EXP.J で既存建物と分離
（50㎡以上、1/2以下の増築）

1階平面 (after)　縮尺 1:500

1階平面 (before)　縮尺 1:800

リファイニングのポイント

❶搬入口、楽屋・倉庫の拡充を目的に一部増築を行った。搬入口は4tまでのガルウィング車に対応。

❷バリアフリー対応のため、エレベータ・シャフトはそのまま利用し、開口部を幅900mmに広げた。エレベータ機器は全面的に入れ替えた。

❸事務室の壁を撤去して一室とし、多目的小ホールとして小さなイベントなどにも対応できるようにした。雑壁を撤去し、足元から梁下までの大きな開口部を設けて明るい空間に。

❹事務室を施設の中心に置き、オープン化することで、利用者との距離を縮めた。

❺事務室前にロングカウンターを設置。イベント案内など様々なサービスに対応する。

❻既存舞台機構のうち再利用できるもの、改修が必要なものをふるい分け、補修・修繕・改修を行った。前面の座席は可動式で、舞台の大きさを変えることが可能。

❼ホール客席に勾配をつけたことで生まれた座席下の空間を利用し、男女別多目的トイレ、パウダールームなど、利用者規模に適したトイレ数を確保。

❽2階ホワイエ、3階バルコニー席の利用者のためにエレベータを新設。

❾様々な目的で訪れる利用者のためにロビー空間を拡大した。

❿階段の1段目を大きく取り、ステージのように利用することで、共用ロビーで小さなイベントも可能。

2階

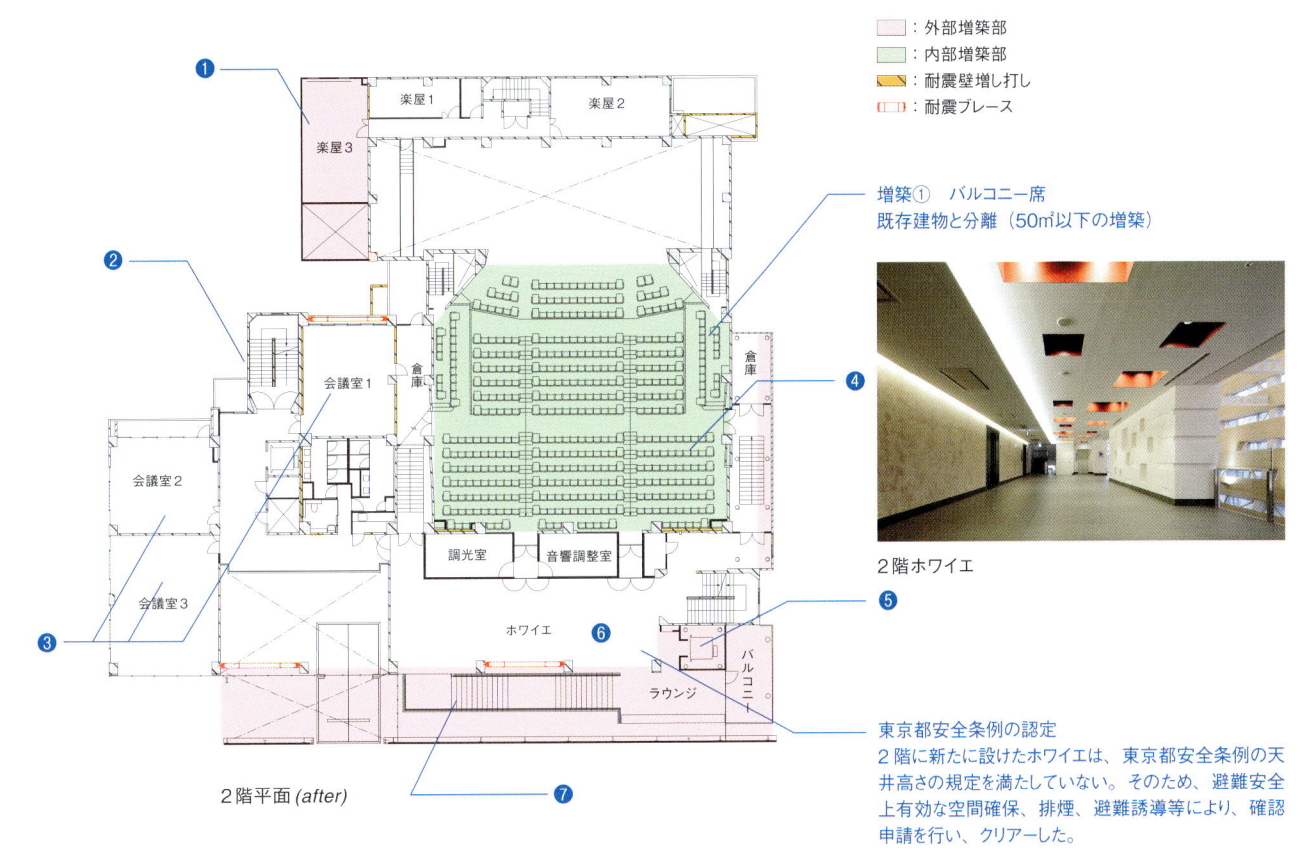

凡例:
- ピンク：外部増築部
- 緑：内部増築部
- オレンジ：耐震壁増し打ち
- 赤：耐震ブレース

2階平面 (after)

1階共用ロビー

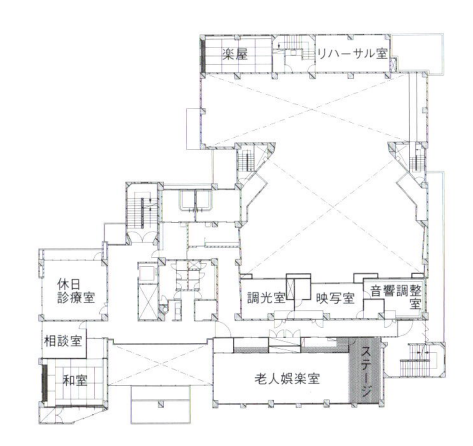

2階平面 (before)

増築①　バルコニー席
既存建物と分離（50㎡以下の増築）

2階ホワイエ

東京都安全条例の認定
2階に新たに設けたホワイエは、東京都安全条例の天井高さの規定を満たしていない。そのため、避難安全上有効な空間確保、排煙、避難誘導等により、確認申請を行い、クリアーした。

リファイニングのポイント

❶楽屋の増設。
❷既存外壁の上に金属板で仕上げ、躯体を外気から保護。
❸利用率の高い会議室を2階にまとめ、会議以外にも多目的に使えるように部屋の色や大きさを変え、それぞれ個性のある部屋とした。
❹客席の視聴覚環境を向上させるためにメイン客席の段状形状を1層分から2層分に変更。客席レイアウトにゆとりを持たせるために、奥行き950mm、幅520mmピッチとした。フラット（中2階）、階段状バルコニー席（3階）を新設し、客席と舞台の関係を立体的に構成した。その結果、音環境、視環境が向上した。客席数は以前の481席から508席に増加。
❺EV設置。
❻ホール利用者の待合、休息の場としてホワイエを2階に配置。
❼1階の共用ロビーから2階ホワイエへ至るメイン階段は、4層吹抜け、R壁の内側はヒノキ張り。暖かみのある、高揚感を与える空間。

3階

凡例:
- ピンク：外部増築部
- 緑：内部増築部
- オレンジ：耐震壁増し打ち
- 赤：耐震ブレース

増築①
バルコニー客席＋投光室：既存建物と一体化（50㎡以下の増築）

増築①
バルコニー客席＋投光室：既存建物と一体化（50㎡以下の増築）

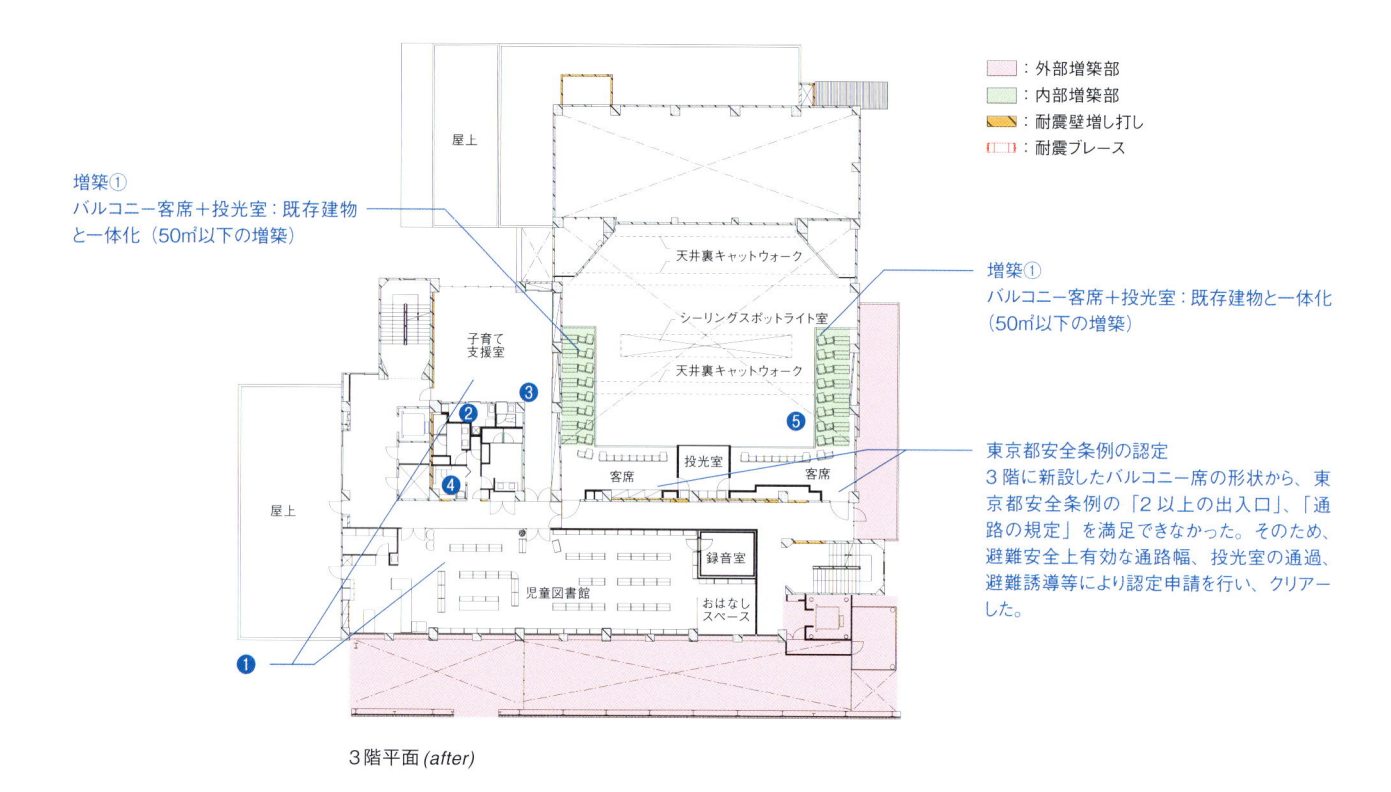

東京都安全条例の認定
3階に新設したバルコニー席の形状から、東京都安全条例の「2以上の出入口」、「通路の規定」を満足できなかった。そのため、避難安全上有効な通路幅、投光室の通過、避難誘導等により認定申請を行い、クリアーした。

3階平面 (after)

左：子育て支援室
右 (before)：児童工作室

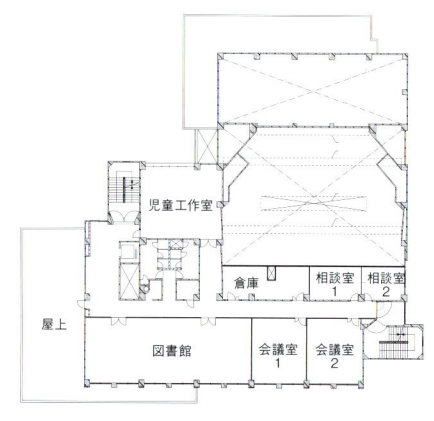

3階平面 (before)

リファイニングのポイント

❶児童図書館・子育て支援室の拡充：図書館は、床面積を最大限確保し、収蔵数、閲覧機能を考慮した使い易い図書館とした。読み聞かせのスペースや録音室を設置し、子供が楽しめる空間づくりを計画。子育て支援室は児童図書館と近接させ、児童トイレ、給湯室等の設備を充実。
❷授乳／給湯室
❸児童用便所
❹多目的便所
❺階段状バルコニー席を新設。

4階

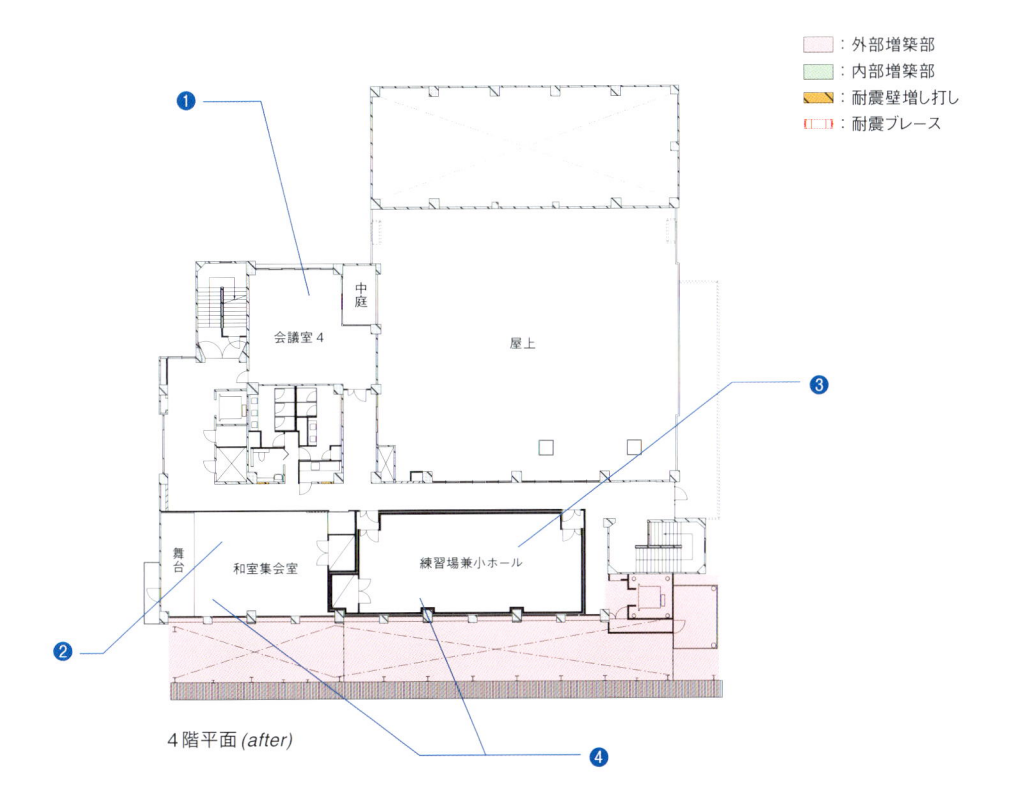

□ ：外部増築部
□ ：内部増築部
□ ：耐震壁増し打ち
□ ：耐震ブレース

4階平面 (after)

左：和室集会室
右 (before)：和室

4階平面 (before)

リファイニングのポイント

❶既存施設で利用率が高かった会議室の需要に応えるため、和室を会議室に変更した。
❷2階にあった老人娯楽室・和室の代わりに、4階の料理研究室を和室の集会室に変更。
❸小ホール兼練習場：練習場は舞台と同じ大きさを確保。練習場として使用しないときは小ホールとして多目的に利用できる。
浮き構造の床とし、床用防振ゴムを入れて振動を抑えている。壁は、遮音壁と有孔壁の二重壁で、遮音性と音響性のバランスを取っている。
❹4階諸室にはトップライトを設け、自然光を取り込んでいる。

増築部断面詳細

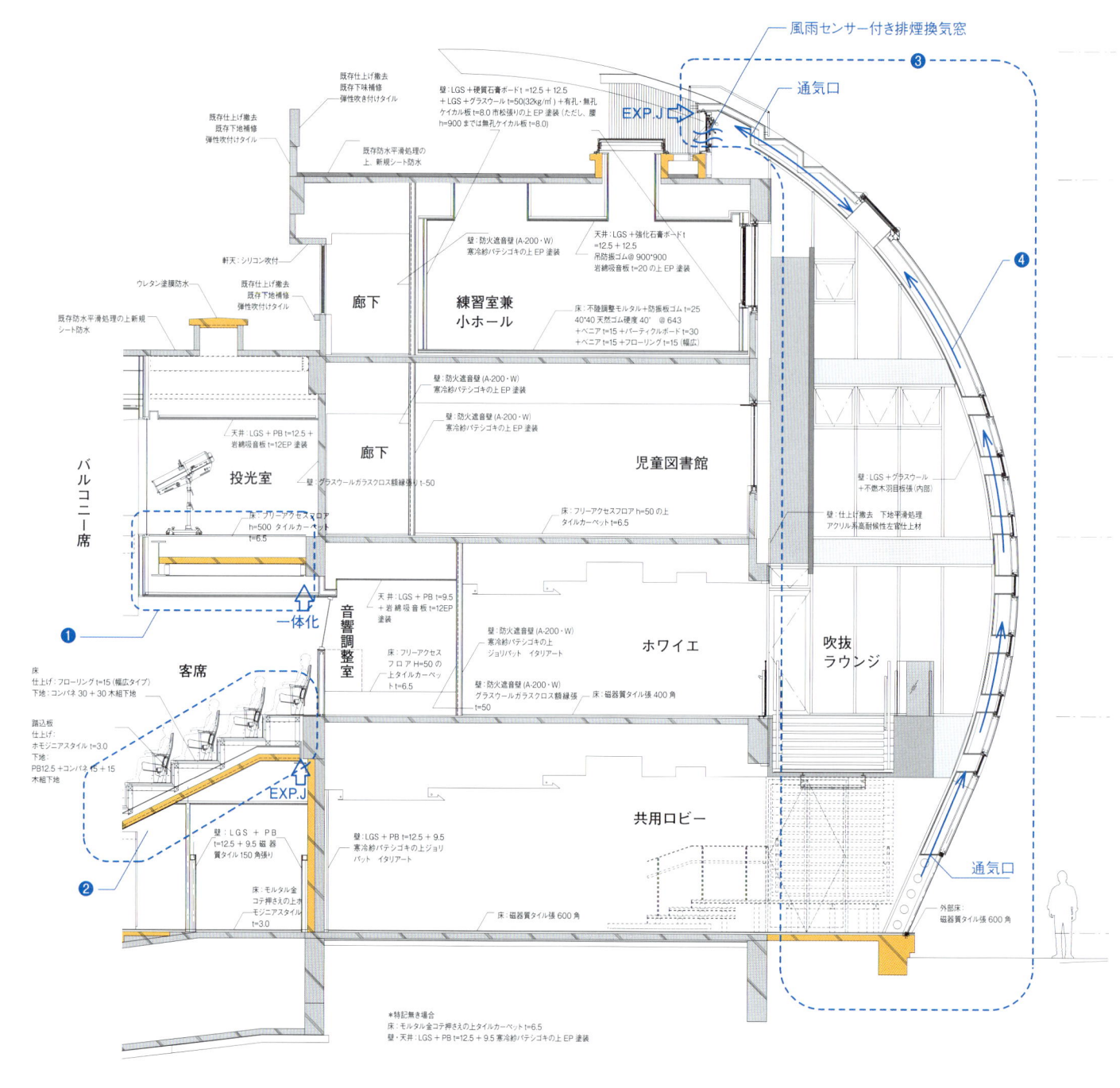

矩計 (after)　縮尺 1:120

増築について

❶ 内部増築：バルコニー席＋フォロースポット投光室 ➡ 既存建物と一体化。

❷ 内部増築：メイン客席 ➡ 既存建物とはエキスパンション・ジョイント（EXP.J）で分離。

❸ 外部増築：4層吹抜けのメイン動線 ➡ 既存建物とはEXP.Jで分離。

❹ R状の外壁は2重構造で、夏・冬の環境に応じて空気を取り入れたり断熱層となって、空調効率の向上を図る。

・夏：下端通気口を開放し通気層とすることで、高温になった壁内気を自然換気により排出する。

・冬：下端通気口を遮断する。空気層をつくることで、断熱層となる。

▼最高高さ　GL＋18,129.5

▼RFL　水下　GL＋15,570

▼4FL　GL＋12,030

▼3FL　GL＋8,430

▼2FL　GL＋4,830

▼1FL　GL＋500
▼GL＋0

自然換気システム・エアフロー外壁

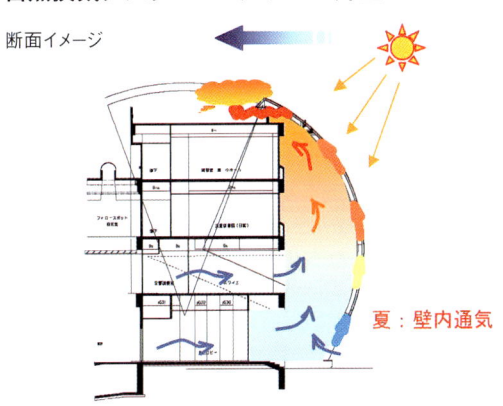

断面イメージ

夏：壁内通気

冬：通気遮断

吹抜け上部にセンサー付き排煙窓を設け、無風時は重力換気、有風時は風の誘引効果により、上部に溜まった熱気を効率的に排気する。
　無風時：吹抜け空間気室の10回／h分相当
　有風時：吹抜け空間気室の15回／h分相当

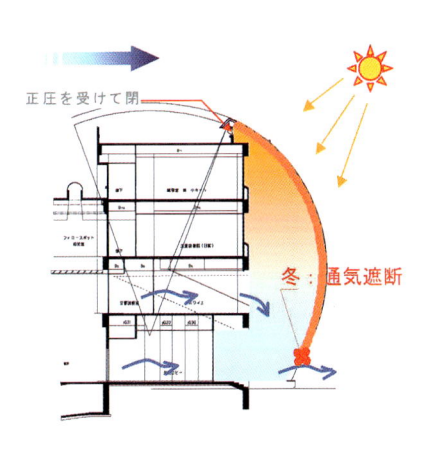

風が排煙窓側から吹いた場合、排煙窓は正圧を受けて自然に閉鎖し、上部の熱溜まりの熱が居住空間へ逆流するのを防ぐ。また、R壁は上端、下端に通気口を設け、夏は開放して高温になった壁内気を自然換気により排出し、冷却効果を生む。冬は下端を遮断して気流を止め、熱気をためて、暖め効果を生むシステム。

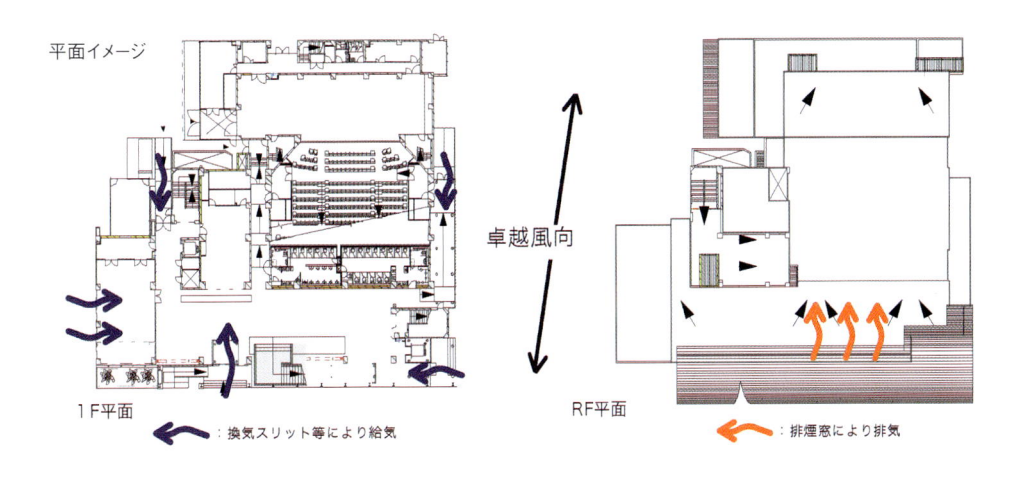

平面イメージ

卓越風向

1F平面

RF平面

← ：換気スリット等により給気

← ：排煙窓により排気

61

ダイアグラム

1. リファイニング前

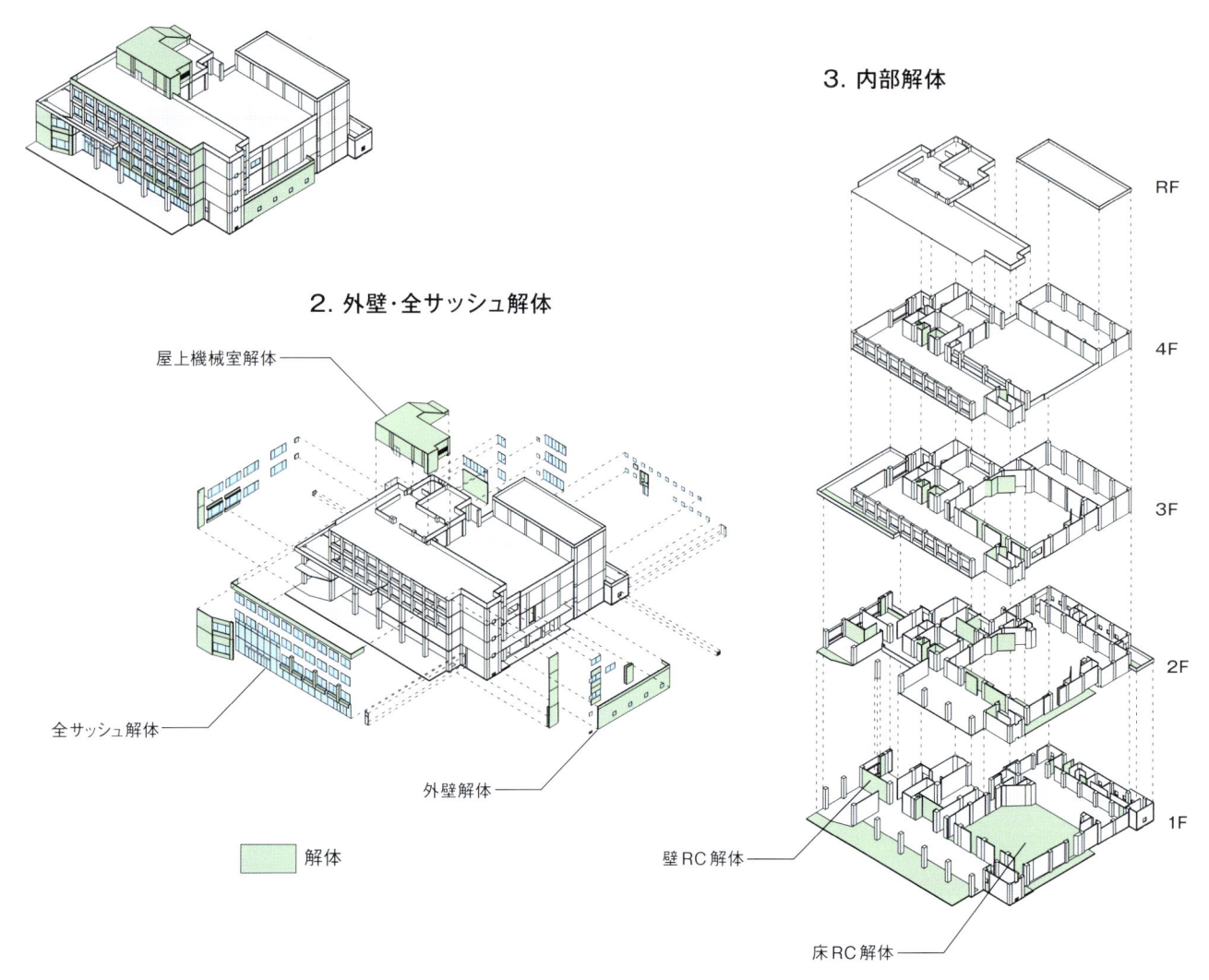

2. 外壁・全サッシュ解体

屋上機械室解体
全サッシュ解体
外壁解体
壁RC解体
床RC解体

解体

3. 内部解体

RF
4F
3F
2F
1F

内部増築
①バルコニー席：50㎡以下の増築→既存建物と一体化。
②メイン客席：50㎡以上、既存延床面積の1/2以下の増築→既存建物とエキスパンション・ジョイント(EXP.J)で分離。

外部増築
③4層吹抜けのメイン動線：②と同様。
④楽屋・倉庫：②と同様。
⑤バリアフリー動線：②と同様。
増築の合計は、50㎡以上、既存延床面積の1/2以下となる。この場合、現行法では、既存建物の危険度を増さないために、増築部分はEXP.Jで既存躯体から切り離すことが必要だ。しかし、「①バルコニー席」については、EXP.Jで既存躯体から切り離すと、構造柱や吊材が必要となり、客席の視覚環境に悪影響が生じる。そのため、①については、50㎡以下の増築とし、単体で現行法解釈(＊)とした。
「②メイン客席」は、独自の基礎をつくり、既存躯体から完全に切り離している。
「③4層吹抜けのメイン動線」は、R形状の柱で自立させ、既存躯体には水平力を伝えない構造となっている。倒れ止めとして、既存躯体とローラー支持接合しているが、EXP.Jで分離として行政判断された。
「④楽屋・倉庫」「⑤バリアフリー動線」は、一般的なEXP.Jで既存躯体と切り離して増築している。

4. 補強

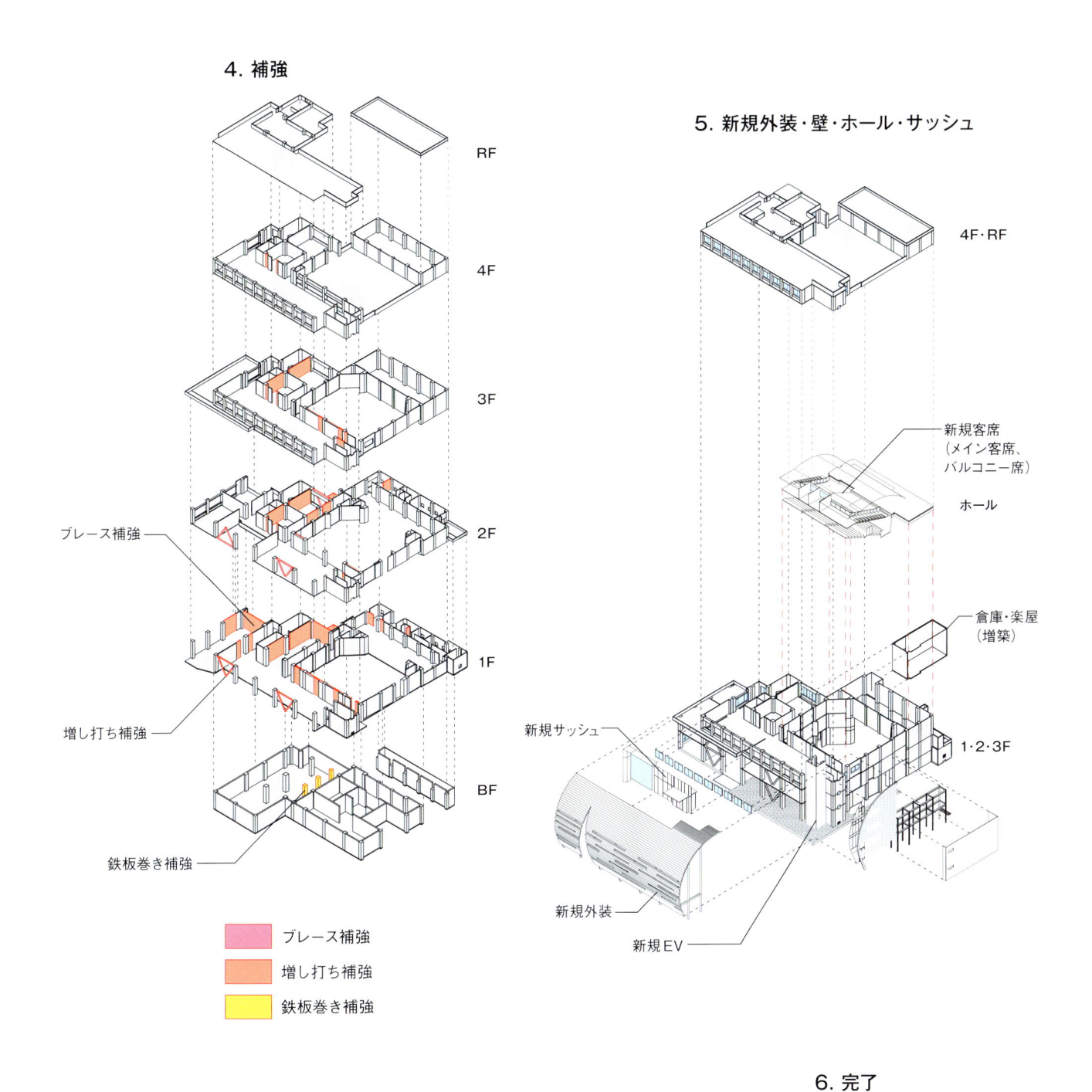

RF
4F
3F
2F — ブレース補強
1F — 増し打ち補強
BF — 鉄板巻き補強

- ブレース補強
- 増し打ち補強
- 鉄板巻き補強

5. 新規外装・壁・ホール・サッシュ

4F・RF

新規客席（メイン客席、バルコニー席）

ホール

倉庫・楽屋（増築）

新規サッシ

1・2・3F

新規外装

新規EV

6. 完了

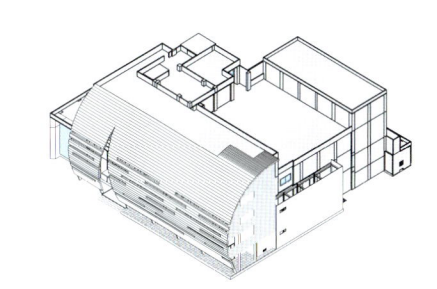

＊「①バルコニー席」のように、50㎡以下の増築で既存躯体と一体化する場合、現行法では既存躯体の危険性が増大しないようにする必要がある。そのため、建物重量の減量、耐震診断基準Is値（耐震指標）0.75以上を確保するために耐震補強をし、構造評定を取得した。

解体・補強・増築工事

ホール内部を解体

階段客席の新規の床

既存躯体と切り離して、新たにメイン客席の基礎を構成

階段客席の新規の床を上から見下ろす

メイン客席の床スラブの配筋が完成

階段状客席の木製骨組み

メイン客席階段上の床スラブの完成

客席の最終工事

既存建物（左）の南側に増築

上2点：既存部分も躯体を残して内外とも解体。建物の軽量化を図ると共に、必要な補強を施していく

増築部分は2階ホール入り口へのメイン動線となる

既存躯体から独立して増築部分を支えるR形状の鉄骨建て方工事中

増築部分はかなりのボリュームだが、R形状の効果で、通行する人への圧迫感をできるだけなくすことができた

清瀬けやきホール・リファイニング

50㎡以内か、50㎡以上か？　柔軟な思考で増築に対処

　1950年代から80年代にかけて数多くの文化ホールが日本全国に建設された。それらが築30年から50年を経過した今、地方自治体には文化ホールをスクラップアンドビルドするほどの経済力はない。

　この清瀬市民センターも、1976年に市民の文化活動の拠点として建設されたが、昨今の舞台装置のIT化、利用形態の変化などに機能的に対応することが難しくなり、その役割を十分に果たすことができなくなっていた。市では、他の敷地へ移転することも考えたようだが、市のメイン玄関である清瀬駅に近接し、長く市民に愛されてきた場所であることなどから、この場所で建て替える案を検討してきた。しかし、都市計画法の変化により、スクラップアンドビルドすると文化ホールは建設できない地区となったため、再生建築のコンペが行われた。われわれはコンペで、舞台環境の一新、市の新しいシンボルとしてのファサード、舞台を含めたコミュニティホールの在り方等について提案し、採用された。契約が終了した後、もう一度原点に立ち返って、われわれの3つの提案について市に再確認を求め、医療の街として発展してきた清瀬の歴史をDNAとして受け継ぐようにデザインした、コンペ案とほぼ同一の案が改めて承認された。

　ホールのグレードを高め、500席以上の客席がほしいという要望に応えるため、ホワイエを2階に置いた。そのため、ファサードのデザインを検討すると同時に、その内側に大階段を設け、エントランスからホワイエに至る高揚感を演出することとした。この空間は檜による大空間で、環境に配慮する装置として、二重壁の内部に空気の流れを呼び込んで断熱システムとし、吹抜け空間の最上部に温度差によって自動開閉する窓を取り付けている。

　ホール客席は、いったん床を解体し、改めて床を増築した。現行基準に添って、「50㎡以上、1/2以下」という規定を守り、既存建物と中央の客席はエキスパンションジョイントで構造を切り離している。また、キャンチレバーによってつくられた階段状のバルコニー席は50㎡以内の増築で、構造は既存建物と一体化している。このように、建築法規に則りながら構造形式を決定し、しかも快適な客席環境をどう確保するかという、かなり高度な解決方法を採った。客席の一部は取り外し可能として、多様な舞台の演出に対応できる。

　コミュニティ機能としては、利用率が低かった部屋をホールや会議室、集会室、図書室、子育て支援室等に変更し、各室をより広く、市民が利用しやすいスペースとした。

　外観については、敷地の一部を歩道とし、まちのシンボルとなるよう外壁をR壁にした。また外壁の一部をガラス張りにすることで、内部の様子が垣間見え、歩行者と建物の距離を縮めることとした。これらによりコミュニティ施設としての機能がかなり高まったのではないかと考えている。ランドスケープは、団塚栄喜氏にお願いした。

　耐震的には、これまでリファイニングで培ってきた「減量」と「補強」を上手くマッチさせた無理のない補強計画により、現行法規に合わせてレベルアップしている。

　この「清瀬けやきホール・リファイニング」は全国に多数ある機能不全に陥った文化ホールの再生の先駆けとなるのではないかと考えている。

Refining of Kiyose Keyaki Hall

Below or over 50m² ? Exploiting flexible thinking to build an extension

Many culture halls were built throughout Japan from the 1950s to 1980s. The current local governments however have insufficient finance to scrap and rebuild those 30 to 50 year-old buildings.

Kiyose City Center was built in 1976 as a base for the culture activities of citizens. However, the building is no longer suitable for current needs such as the stage arrangements and cannot meet the needs of modern IT requirements. The city government first thought of moving it to another place but since it was located near Kiyose Station, the main entrance of the city, and the citizens wanted to have it in the same location, the government next thought of rebuilding it in this place. However due to changes to the City Planning Act, the culture hall could not be rebuilt by the scrap-and-build method. Therefore a competition for renewing the existing building was held. In the competition, we proposed a renewal plan of the stage environment and the whole concept of the community hall, including the facade and stage, as a new symbol of the city, and our proposal was accepted. After making a contract, we reconfirmed our three proposals with the city government returning to the starting point. Our plan, which was almost the same as the one made for the competition and which designed the building to inherit the DNA of the history of Kiyose City developed as a town of medical care, was approved again.

To meet the request for a higher grade of hall with more than 500 seats, I set a foyer on the second floor. I designed the facade and large stairs inside it to create an uplifting feeling as one approaches from the entrance to the foyer. This huge space was built using Japanese cypress. Double walls were introduced as an environmentally-conscious thermal insulation system with air flowing inside the wall. I also installed a window at the top of the space that opened and closed automatically according to the temperature difference.

For the hall seats, I broke down the old floor and installed a new larger floor. Following the current standards, the hall space had to be 50m² or larger and equal to, or less than, half of the existing floor area. I structurally separated the existing building and the central seating area by using expansion joints. Also, a stair-like balcony seat area smaller than 50m² was newly installed. The balcony structure was unified with the existing building. I thus determined the structural form according to the architectural laws and at the same time employed a high-level technique to ensure a comfortable seating environment. Some of the seats are removable to meet various staging requirements.

For better community functions, the rooms that were not frequently used were extended and changed to a hall, meeting room, community space, library, and child-raising assistance room to make convenient spaces for the citizens to use.

For the appearance of the building, aiming to be a symbol of the city, part of the land was changed to a walkway and the external wall of the building was made curved. Also, part of the external wall was made with glass so that people walking outside would be able to see inside and could feel familiarity with the building. I think that these changes significantly enhanced the functions of the building as a community facility. The landscape was designed by Danzuka Eiki.

To improve the quake resistance of the building according to current law, I used a reinforcement plan that I had developed in my refining experience by appropriately combining weight reduction and reinforcement.

I think that this refining work of Kiyose Keyaki Hall will lead the renewal of many culture halls in the country that currently fail in their functions.

No.3 浜松サーラリファイニング
Refining of Hamamatsu Sala

斬新な耐震補強構法で、
大規模、居ながら施工を実現

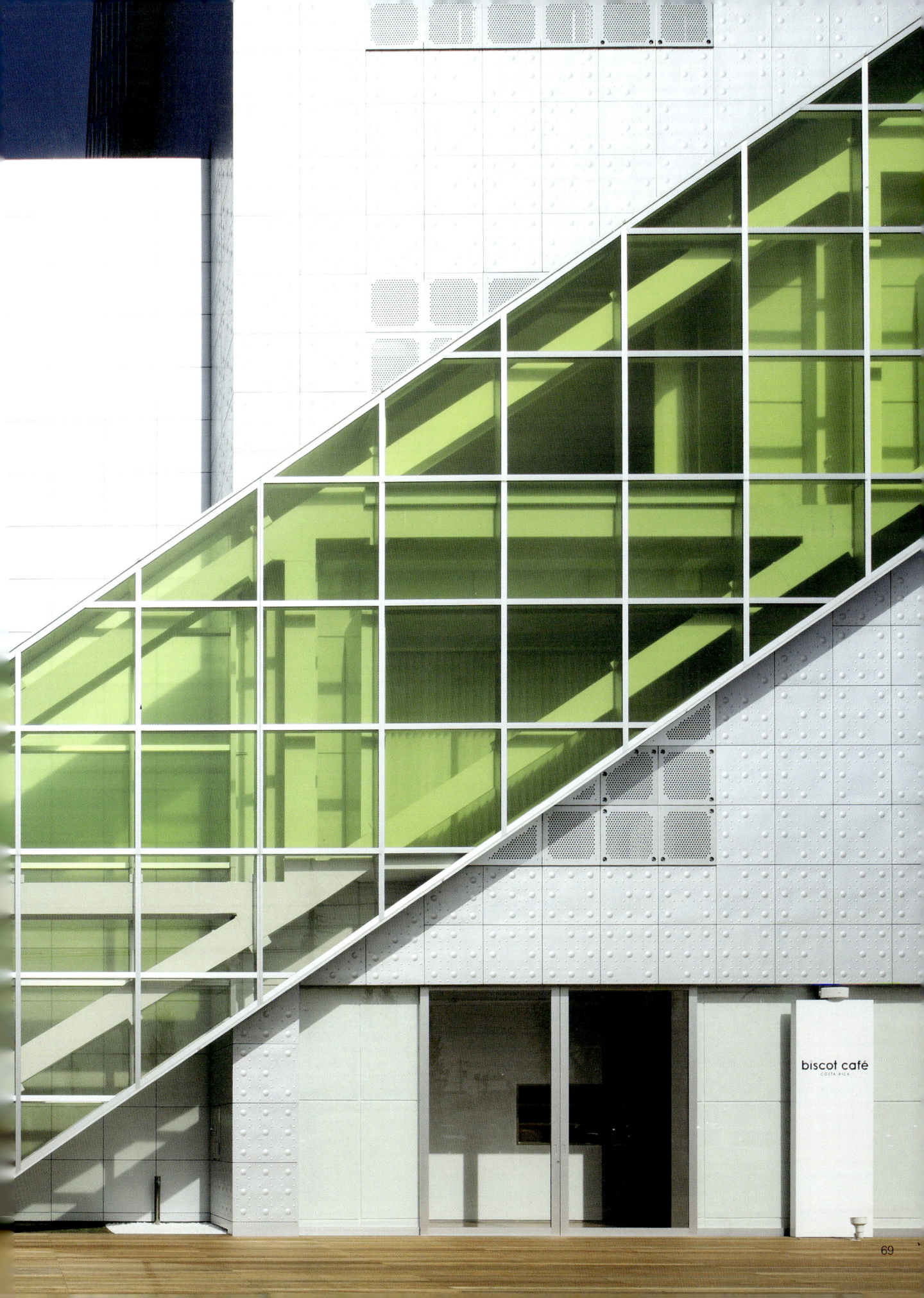

biscot café
COSTA RICA

上・右下：南道路側にデッキテラスを設置し、周囲を緑化した。1階には屋外テラスを利用したオープンカフェがあり、またデッキテラスは様々なイベントにも利用される。「スパイラル・ブレースドベルト」の足元。補強ブレースが建物の外部にまで伸び、デザイン的な特徴ともなっている。

既存躯体をガルバリウム鋼板で覆うことで、躯体を風雨から保護している。また、既存躯体と外装材との間の空気層が断熱性能を向上させる
右上：南道路側全景

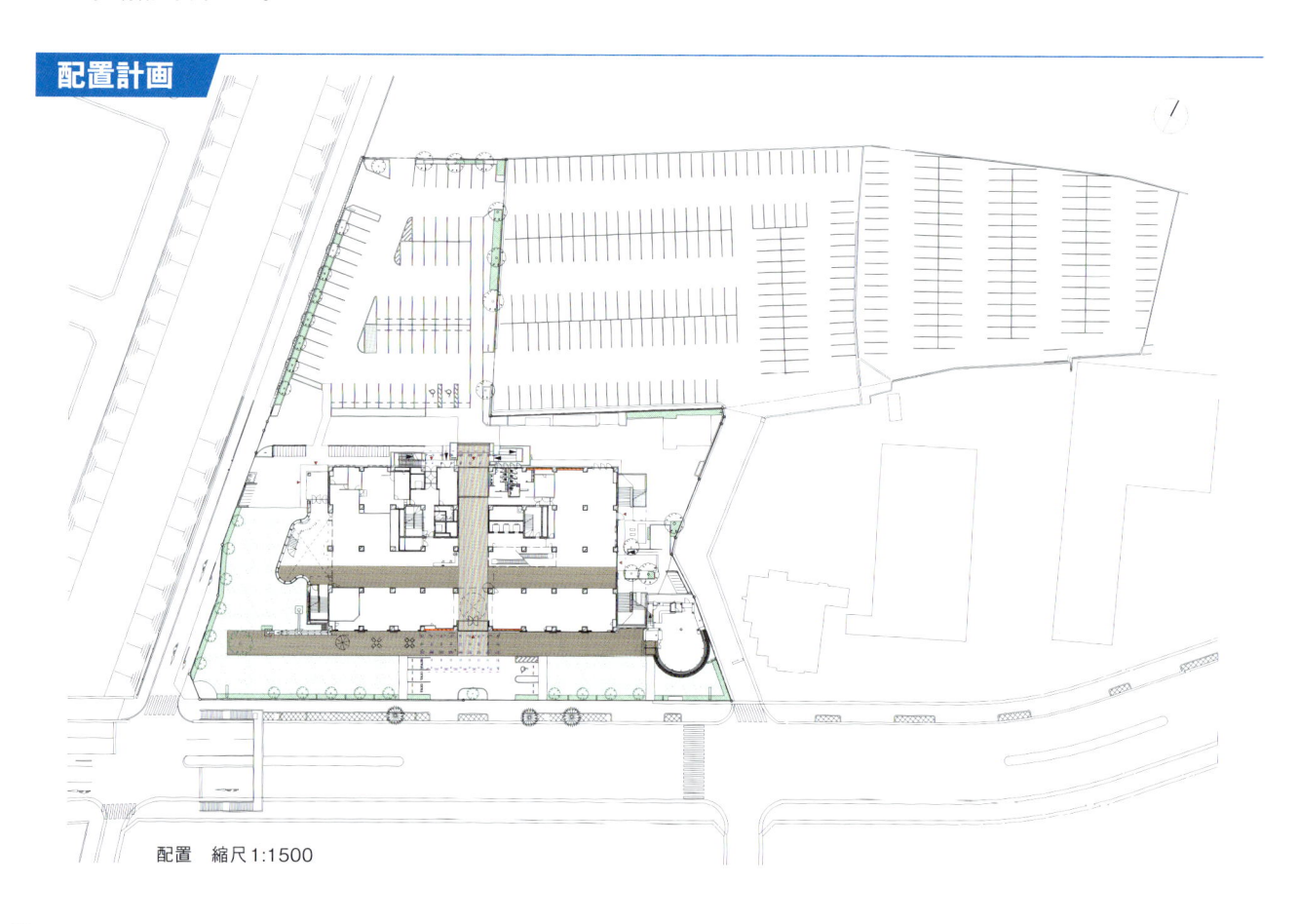

配置計画

配置　縮尺1:1500

1階

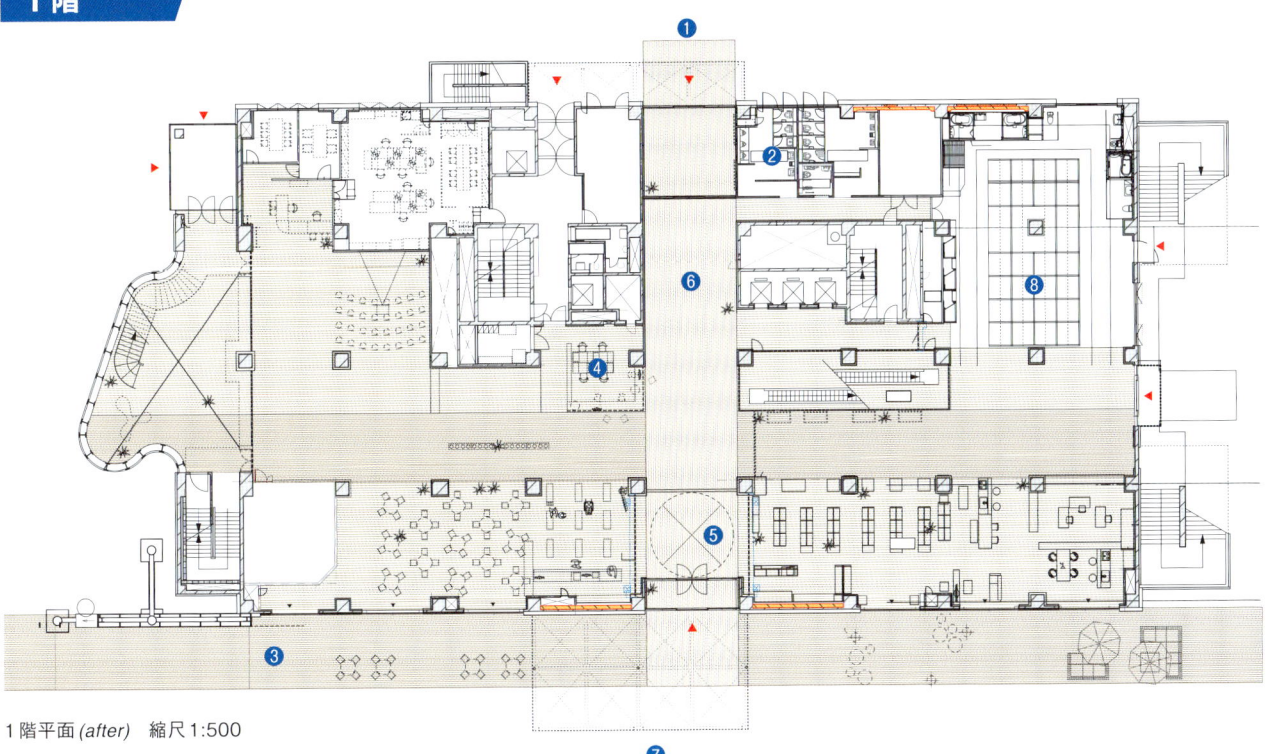

1階平面 (after)　縮尺1:500

▨ ：RC壁開口閉塞補強
▨ ：RC耐震壁補強
▨ ：鉄骨ブレース補強
▨ ：既存RC
▨ ：新規ガラス庇・サッシ

❶北側駐車場からの主出入口を設置。
❷トイレの増設整備。
❸デッキテラス設置。
❹総合受付を設置。
❺1・2階をつなぐ吹抜け空間。
❻ゆとりのある共用通路。
❼ガラス・キャノピー設置。
❽間仕切りのないオープンスペース。

左(before)：うねるような曲面を描くガラスの壁面は、既存建物の特徴のひとつ。竣工から時間を経て、雑然とした状況だった
右：元デザインを生かして再整備した

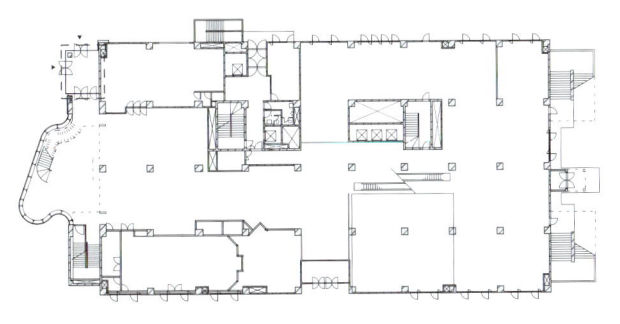

1階平面(before)　縮尺1:1000

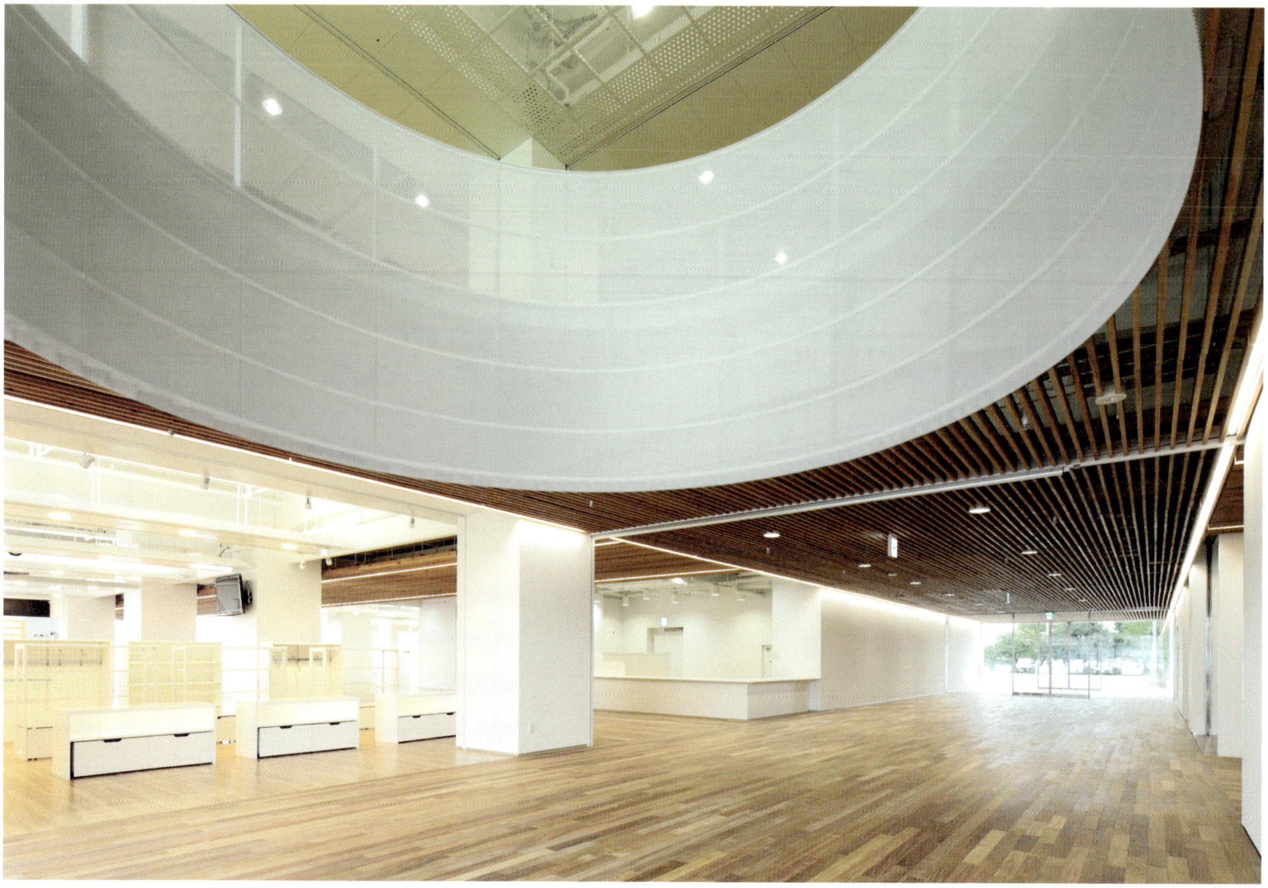

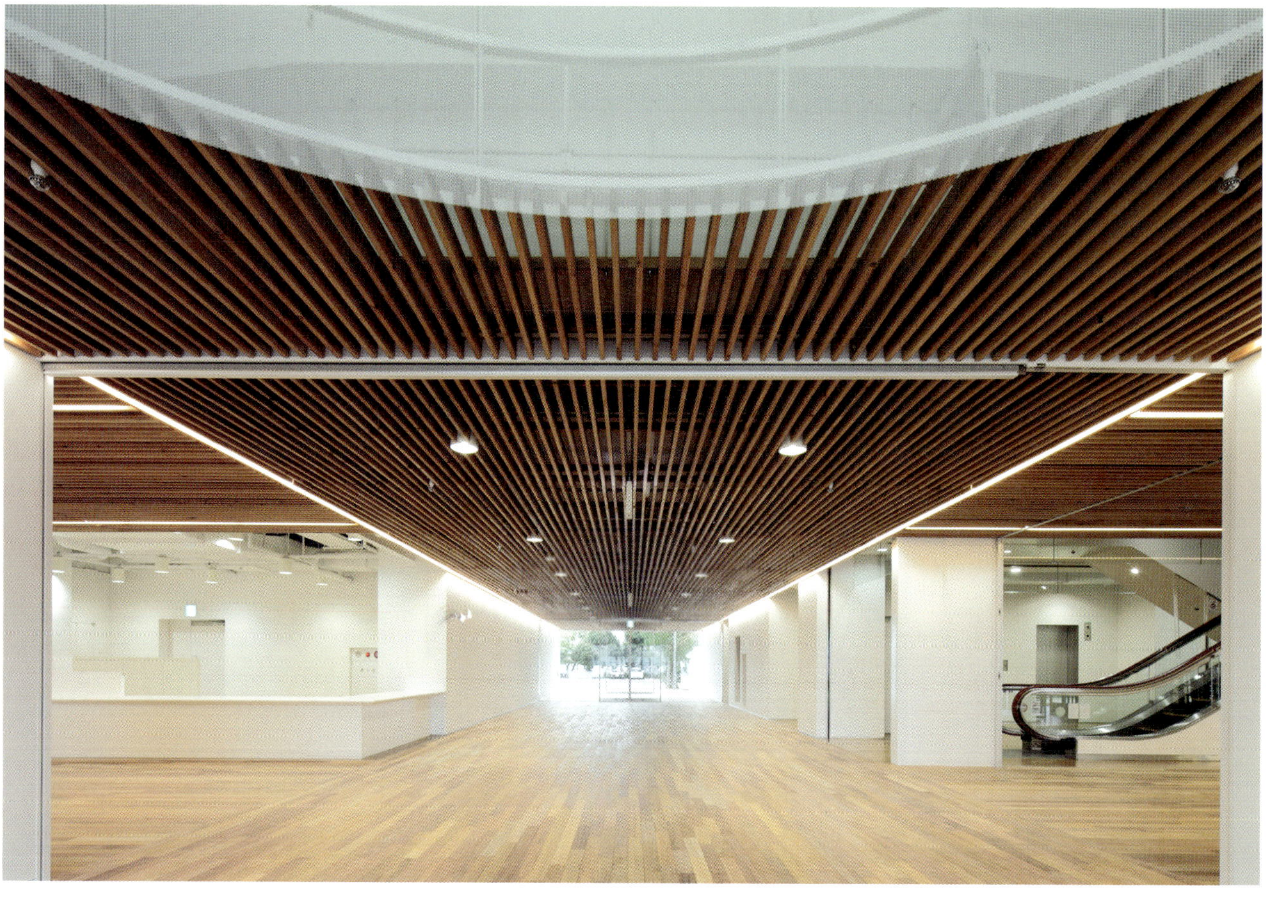

左頁2点：エントランスを入ると建物中央にあるエレベータやエスカレータの位置がすぐにわかり、アクセスも容易になった。ユニバーサルデザインを考慮したデザイン。
1階にはインテリア雑貨ショップ、キッチンや水回りのショールームなどがあり、生活に密接に関わる情報を提供する。共用スペースは使い易さとゆとりを大切にし、地域に開放されたコミュニティスペースとなるように計画した

右：南側エントランスホール上部の床に穴を空けて吹抜けとし、上下階の空間のつながりを生み出した
上左2点：改装によりのびやかな空間となり、人の動きも活発になった

リファイニングのポイント

■余剰床を積極的に活用し、地域の人たちのための開放的で豊かなコミュニティスペースをつくる。
■上下階を結ぶ吹抜けや内外が連続して感じられる空間をつくり、来館者の多様な動きをつくり出す。

(before)：閉鎖的だった1階内部空間

3階

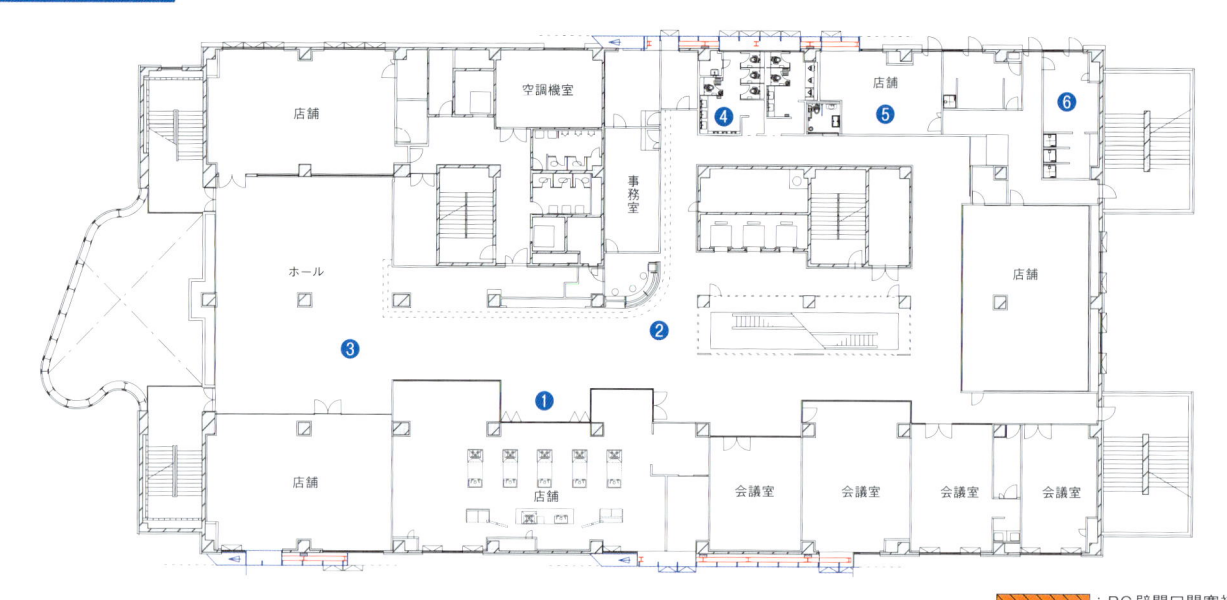

3階平面 (after)　縮尺1:500

- ▨ ：RC壁開口閉塞補強
- ▨ ：RC耐震壁補強
- ▨ ：鉄骨ブレース補強
- ▨ ：既存RC
- □ ：新規ガラス庇・サッシ

❶ 諸室の間仕切りをガラス張りとした。
❷ 案内カウンターを設置。
❸ 明るく、開放的な共用スペース。所々に休憩スペースを設けて、施設利用者の快適性を向上させた。
❹ トイレの増設、再配置。
❺ 防音室を新設。
❻ 更衣室を設置。

上：3階。共用スペースに面した諸室はガラス張りの壁とし、できるだけ開放的にした。内部の様々な箇所には休憩スペースがあり、来館者は自由に使うことができる

構造補強のブレースドベルトを内部から見る

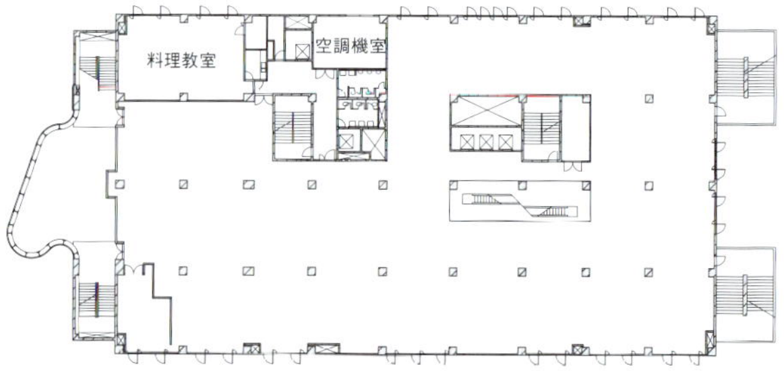

3階平面 (before)　縮尺1:1000

(before)：3階店舗。

4階

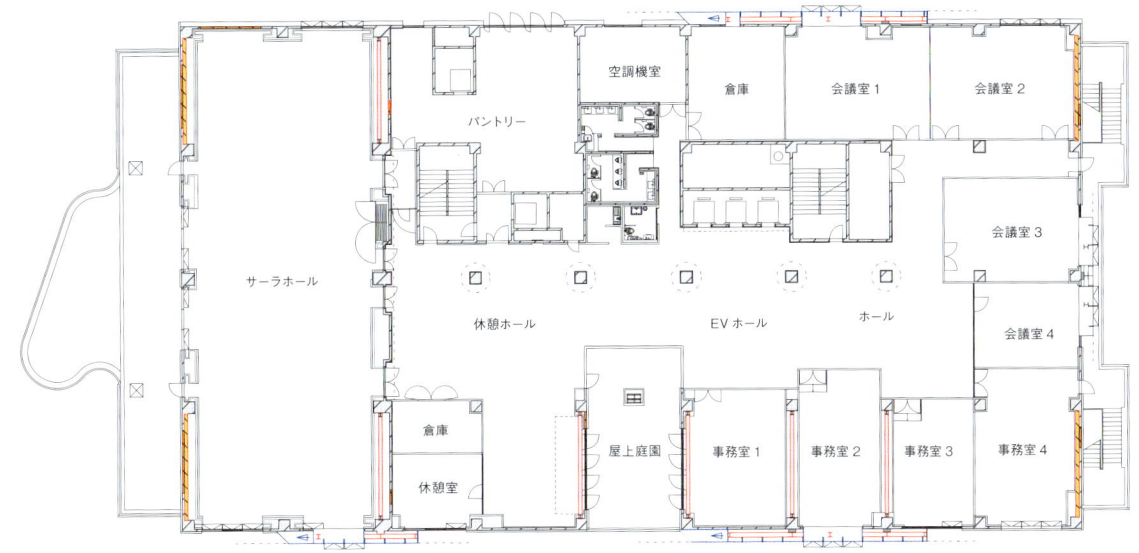

4階平面 (after)　縮尺1:500

////// : RC壁開口閉塞補強
////// : RC耐震壁補強
////// : 鉄骨ブレース補強
////// : 既存RC
　　　 : 新規ガラス庇・サッシ

上：4階休憩ホール。開口部に耐震補強のためのブレースが見えている

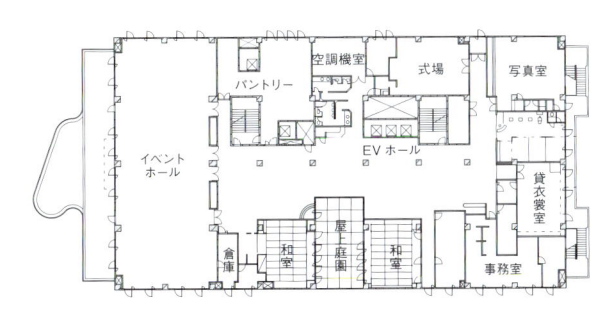

4階平面 (before)　縮尺1:1000

リファイニングのポイント

■ 1～4階は鉄骨鉄筋コンクリート造、5階以上は鉄筋コンクリート造で、4階はその切り替え階に当たる。そのため構造的なバランスが悪く、補強量が最も多い階となった。

■ 無柱のイベントホール（サーラホール）に耐震壁を増設。

■ 外付け鉄骨ブレースに加え、多くの内付けブレースを設置。

■ 屋上庭園を緑化。

(before)：4階にはイベントホールがあり、結婚式やパーティーなどに使われていた

5階

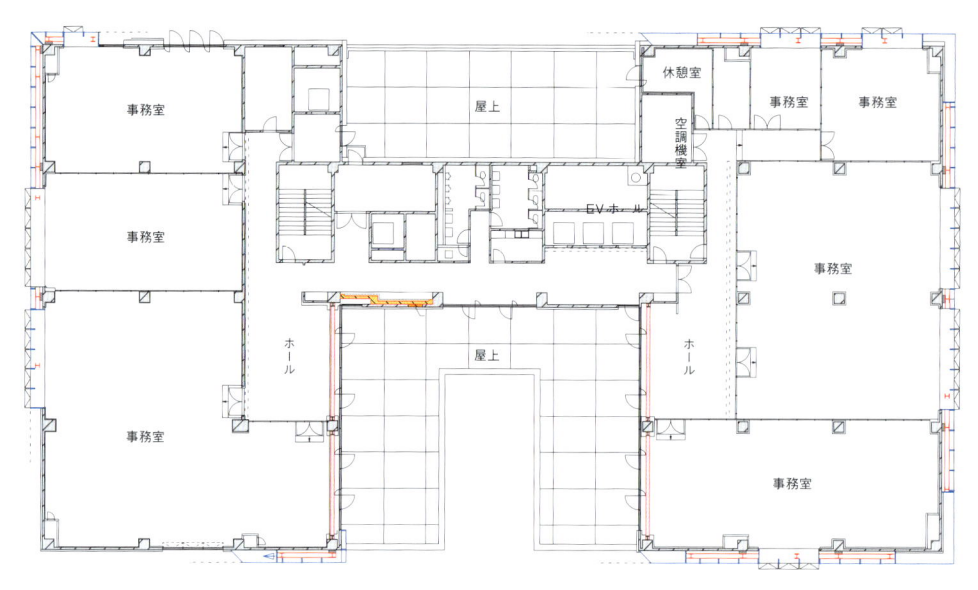

5階平面 *(after)* 縮尺1:500

▨ (橙)	：RC壁開口閉塞補強
▨ (黄)	：RC耐震壁補強
▭ (赤)	：鉄骨ブレース補強
▨ (灰)	：既存RC
▭	：新規ガラス庇・サッシ

オフィステナントフロアは今後の改修も視野に入れ、防火、避難についても検討。また、高輝度型照明器具による照度確保、間接照明による明るさ感の確保、湿度調整機能付き空調による不可低減等、省エネ型オフィスとした

5階平面 *(before)*

リファイニングのポイント

■オフィスゾーンはすべて内装、設備を一新。また、フロア構成を整理し、クライアントグループ会社とテナントを明快に分けた。

居ながら施工

　オフィスフロアはクライアントグループ会社とテナント会社が混在しており、なおかつ退去されてしまうと後々の誘致にも不安が残るため、そのままオフィスを使いながらの施工（オフィスドミノ施工方式）を行うこととなった。

　最初に西棟共用会議室を施工し、内装工事終了後、完成した部分に同フロア東棟オフィスが移転してくる。さらにその移転したオフィス部分の内装工事を施工し、終了すると同時に7階東棟オフィスが移転してくる。オフィス高層フロアはこのように建物内部で移転を繰り返しながら、順次工事が進められた。これをオフィスドミノ方式と称して計画を進めた。

　また、内装工事と同時期に外装工事を行い、外装工事が終了するまでの間、開口部はガルバリウム鋼板で仮塞ぎを行う。それぞれの開口は内部と外部の工事が終了した時点で、その開口部の接合部の納まりを内部からオフィスの定休日に施工する。最後にガラスのはめ込みを外部から施工し、工事は完了する。

　このような工事を順次、フロア・東西のゾーンを連動させて計画を立てて進めた。その結果、すべてのオフィスゾーンの内装・設備を一新させることができた。またグループ会社フロアとテナントフロアを明確に分けることもできた。

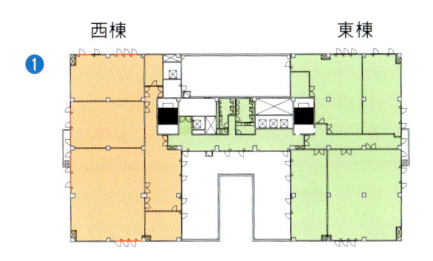

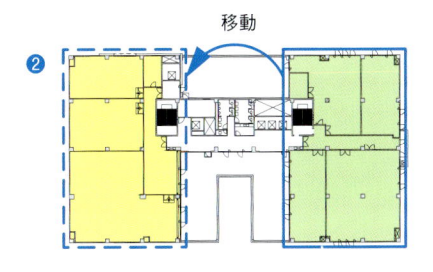

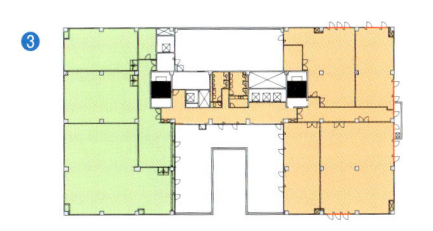

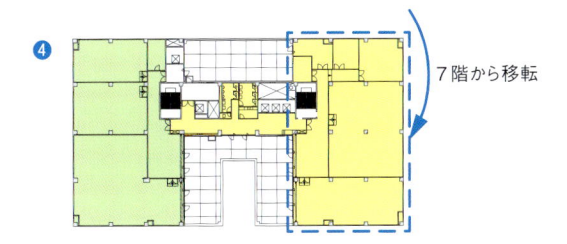

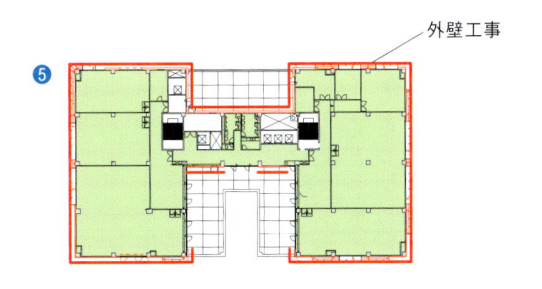

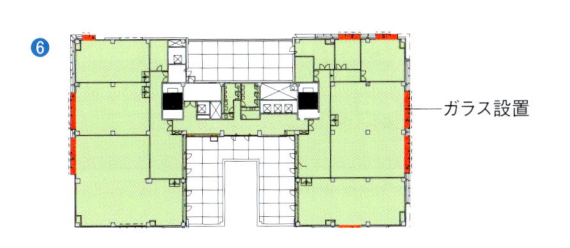

リファイニングのポイント

オフィスドミノ施工方式（居ながら施工・5階の場合）

❶西棟（共用会議室）を工事。東棟オフィスは営業中。
❷内装工事が完了した西棟に、東棟オフィスが移転してくる。
❸東棟を工事。
❹内装工事が完了した東棟に、東棟7階のオフィスが移転してくる。
❺東棟内装工事完了。両棟ともオフィスは営業しながら、外装工事を行う。外装工事が終了するまで、開口部はガルバリウム鋼板で仮塞ぎする。
❻外部工事終了後、開口接合部の納まりを内部から、オフィス定休日に施工する。最後に外部からガラスを嵌め込んで工事完了。

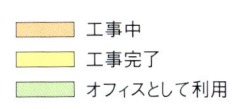

■ 工事中
■ 工事完了
■ オフィスとして利用

補強計画・外装材

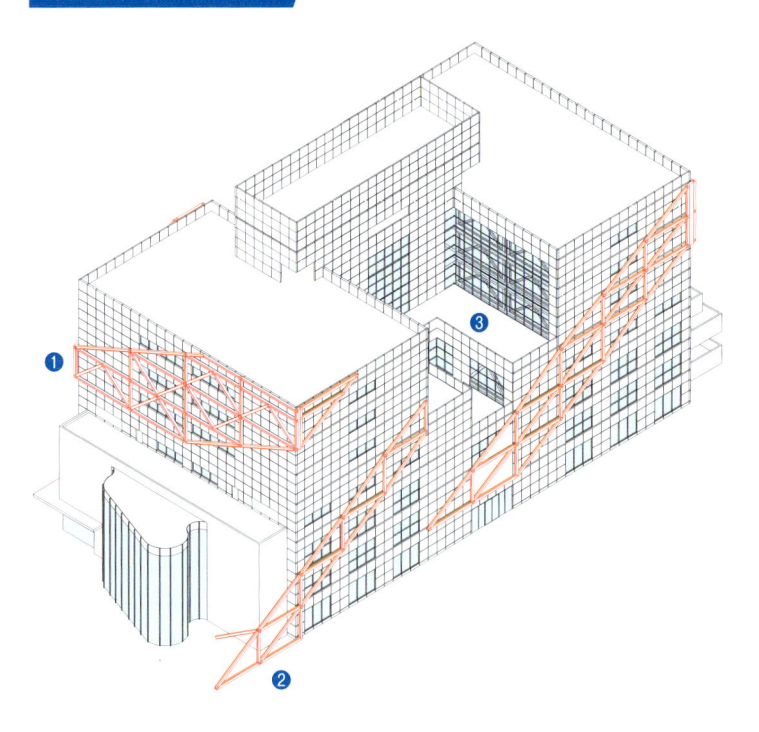

❶耐震補強フレームを帯状にして、建物の外周にリボンをぐるりと巻き付けるように巡らせた。耐震補強がデザイン上の特徴となるような、今までにない外観が誕生した。
❷補強フレームを立て紋の外側に拡張し、地面と接することで、1階の出入口開口を邪魔しないようにした。
❸耐力を確保するために、リニューアル後のプランに合わせて、室内側にもブレースを配置。RC壁の増設補強や開口部閉鎖等を組み合わせて、必要に応じた補強を行う。
❹スパイラル・ブレースドベルト補強部分。

リファイニングのポイント

スパイラル・ブレースドベルト補強

　中心的な補強は、ブレースを建物の外周を連続的にスパイラル状に取り巻くように配置している鉄骨フレーム。既存建物は、柱・梁が外周面にそって配置されているので、外付けブレース補強が容易に行えた。ただし、東西面の低層部分にはバルコニーやアトリウムがあり、外壁面への補強が行いにくい。もともと下層階はSRC造で、耐震性能が比較的高いため、バルコニーやアトリウムの部分を避けて外周の鉄骨補強を行うことはバランスとしては悪くはない。建物の南西の隅では、補強ブレースが建物の外部にまで延び、補強ブレースを視覚的にデザインとして取り込んでいる。

　通常のブレース補強では、四周に柱・梁の鉄骨の枠部材があるが、この方法ではブレースがフレームのエッジのラインを構成していることが特徴である。部材の形状は柱梁、ブレースは同じ断面形状で、300mm×300mmまたは350mm×350mmのH形鋼を用いた。ブレースは圧縮力も負担するため、圧縮耐力を高めるためにカバープレートを付けてボックス断面とした。既存建物の外周部に配置された柱、梁に後施工アンカーを打ちこみ、補強鉄骨の柱・梁にスタッドボルトを設けて、モルタルによって一体化している。

　このブレース配置では、鉄骨ブレースが負担する水平力によって生じる転倒モーメントは建物全体に分散されるため、既存の建物の基礎に与える影響が少ない。ただし、建物の南西角の補強ブレースが建物の外部に延びている部分は、RC基礎を新たに構築して引き抜き力と圧縮力に抵抗できるようにした。この部分の基礎重量は約2000kNである。

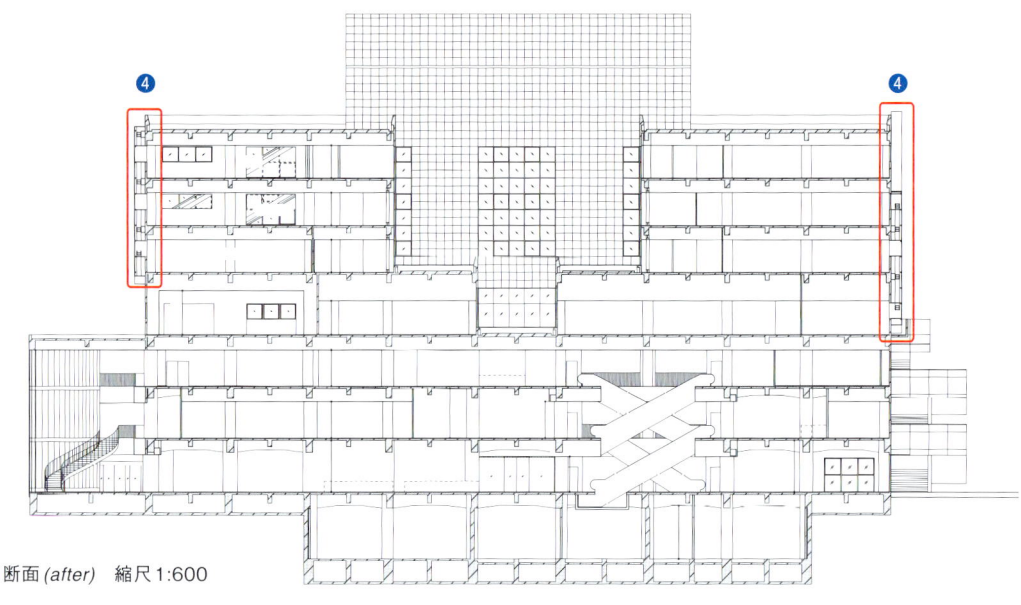

断面(after)　縮尺1:600

外付けブレース断面詳細

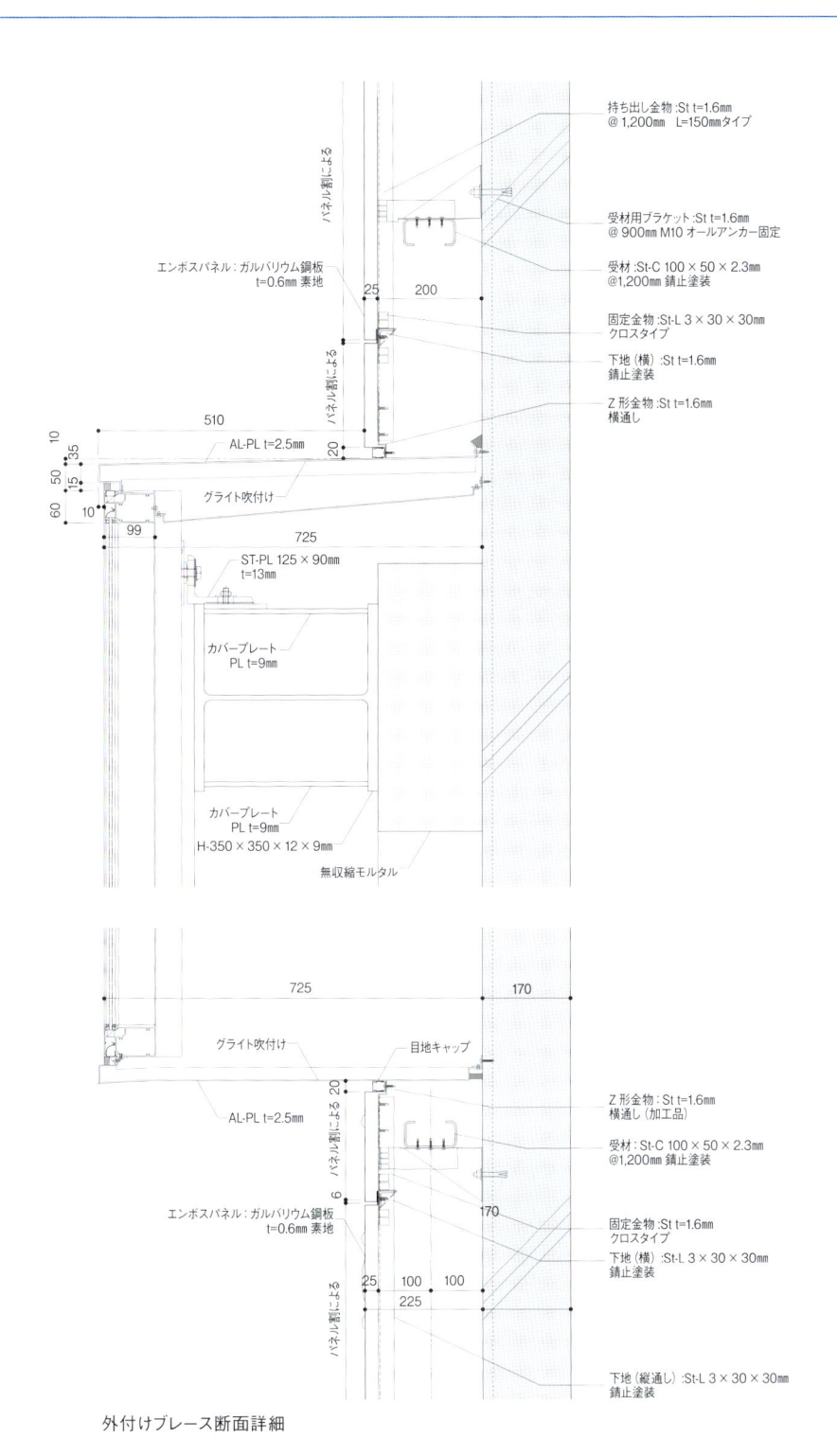

外付けブレースのアンカー設置

外付けブレースの建て方

外壁の実大実験

　既存躯体を覆うガルバリウム鋼板は、サネ加工したパネルをビスで設置する乾式方法を採用。下地には、溶接を必要としない特殊形状の金具を工場で生産することで、CO_2の発生を減少させ、同時に工期短縮を図った。また、既存躯体をパネル形状のガルバリウム鋼板で覆うことで風雨から保護し、既存躯体との間の空気層によって断熱性を向上させている。

　外壁の強度については、設計荷重に対する安全性は要素実験として板金業者が行った。一連の外壁部材で先行して破壊する部位を特定し、加えて首都大学東京高木研究室の協力で外壁実大実験を行い、その破壊性状を視覚的に確認した。

解体・補強工事

カウンターウエイト

外付け基礎梁

南側ブレース鉄骨基礎

南側ブレース足元

南側基礎アンカー設置

補強工事のポイント①

建物の南西部は外付け耐震ブレースが地面と接する部分である。建物の南面の5階から斜めに下りてくる耐震ブレースは、1階に相当する箇所で建物から離れて西側に張り出し、自立している。この自立している耐震ブレースは既存のコンクリート躯体に対してアンカーにより一体化しているが、張り出した先端は固定されておらず、地震時の建物を引き抜く力に対する重りとして、地中に約300㎥の無筋コンクリートのカウンターウェイトを設けている。
また、建物から離れた部分の耐震ブレースは変形やたわみの恐れがあるため、ブレースを支えるためのバットレスを直角方向に設けている。

補強工事のポイント②

既存の躯体と、外付け耐震ブレースとはあと施工アンカーと鉄筋により緊結したあと、無収縮モルタルにより一体化している。この耐震ブレースを既存の躯体に取り付けるためのアンカーは約7000本になる。建物の柱と梁の部分には鉄骨が入っており、これに干渉しないように、なおかつ、コンクリートのかぶり厚さを確保しなければならない。施工を可能とするためにサンプリング調査や現場での細やかな調整を行った。
建物内にあるオフィスや飲食店舗は営業しながらの改修工事であるために、通常アンカーの削孔で用いられるハンドドリルを使用せずに、騒音や振動が抑えられるコア抜きなどに使用されるサイレント工法を採用している。

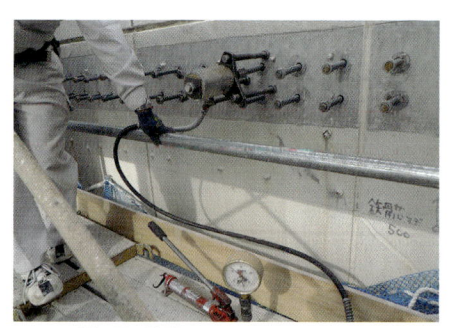

アンカー引っ張り試験

外付ブレース無収縮モルタルによる一体化

外付無収縮モルタル付着力試験

外部壁クラック補修

ブレース連続スパン配置

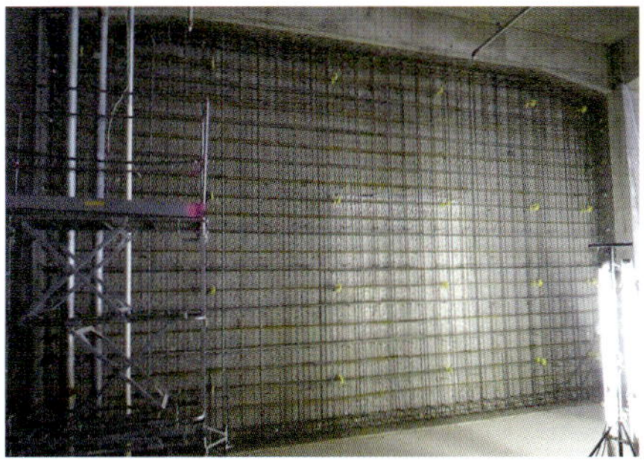

接着耐震壁ノンアンカー工法

解体　耐震ブレース（4階）

接着ブレース

接着内付けブレース（ktブレース）

耐震ブレース（4階）

補強工事のポイント③

オフィスや飲食店舗は使いながらの施工であるため、内部の施工についても騒音や振動の対策を行っている。

既存のコンクリート壁に増し打ちして耐震壁をつくる場合、通常、アンカーを打ち込み、そのアンカーと組み上げた鉄筋とを一体化させた後に、コンクリートを打設する。アンカーを打ち込むと既存の躯体を傷つけるだけではなく、騒音や振動も大きい。今回はアンカーのかわりに粗骨剤を樹脂で固めた特殊な接着シートを貼り、それらの対策を行った。この接着シートは、打設したコンクリートが、既存の柱と梁に突っ張るようにして膨らみ、既存のコンクリートと新設の耐震壁が一体化する。

補強工事のポイント④

建物内部に設置する耐震ブレースについても騒音や振動を低減する工法を採用している。

柱と梁、床に囲まれた内側に設置する鉄骨フレームの固定には通常、アンカーを使用するが、コンクリートの耐震壁の増設を行うときと同様に、接着工法を採用した。鉄骨と既存の躯体のすき間にエポキシ樹脂を注入して固定させる。アンカーを躯体に打ち込まないため騒音や振動を軽減させるとともに、壁の内部に打ち込まれている配線を切断するリスクも回避できた。また鉄骨と既存の躯体の隙間は20㎜程度に納まる施工精度が必要となった。また、内部耐震ブレースを設置する全箇所の実測調査を行った。

内付けブレースの工事過程ⓐ

ⓑ

ⓒ

ⓓ

ⓔ

ダイアグラム

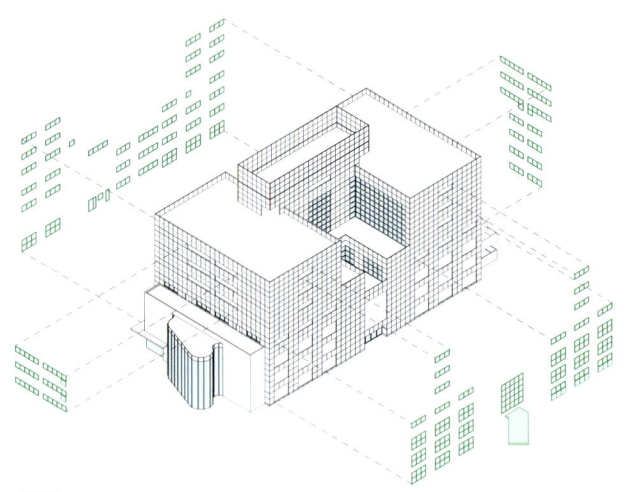

1. 解体
既存建物は築29年、旧耐震基準建物、既存不適格建築物。
構造上・計画上不要な壁、庇・サッシ等を解体。

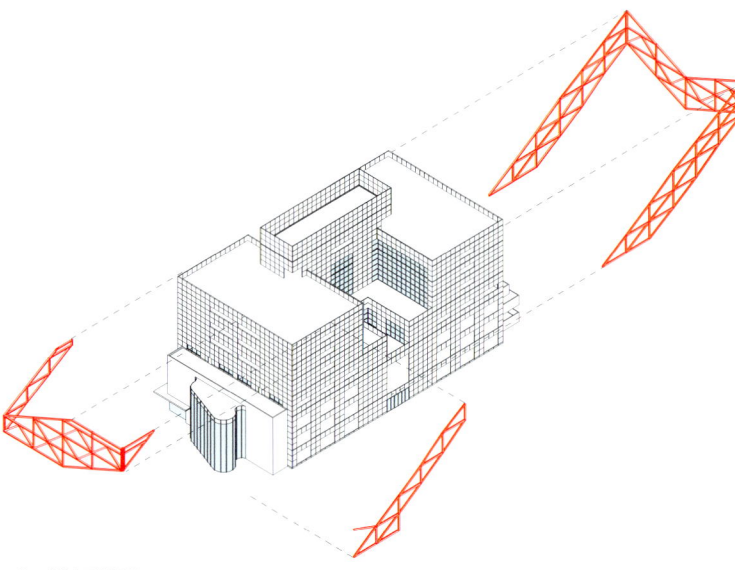

2. 外部補強
世界初の補強「スパイラル・ブレースドベルト補強」。
オフィスを使用しながら工事ができるように、
可能な限り外壁側から補強する。

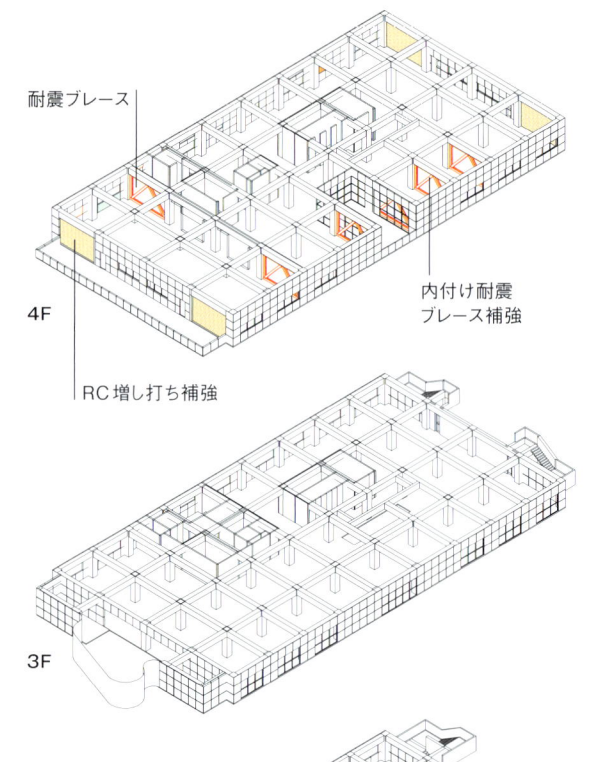

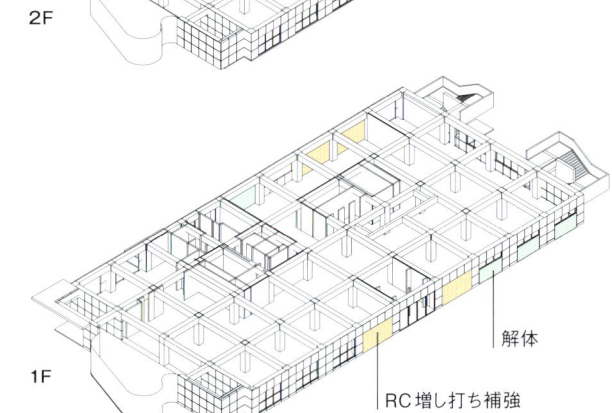

3. 内部補強
開口閉鎖補強、増し打ち補強、耐震ブレースなどの
補強をバランスよく配置。

耐震ブレース
内付け耐震ブレース補強
RC増し打ち補強
解体
RC増し打ち補強

4F / 3F / 2F / 1F

リファイニングのポイント

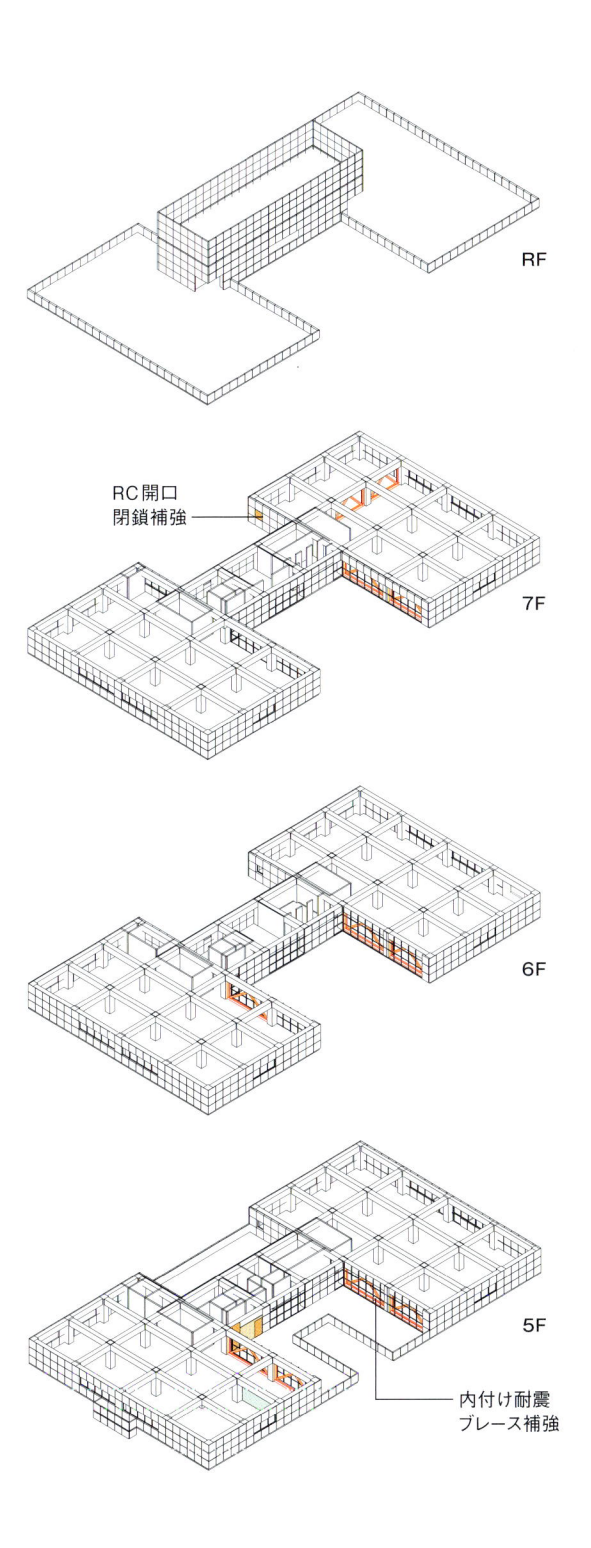

■外周フレームの補強以外に、分棟の内側部分外壁や強度の不足する階など、必要な部分には内付けの鉄骨補強フレームやRC耐震壁の増し打ち補強を行っている。

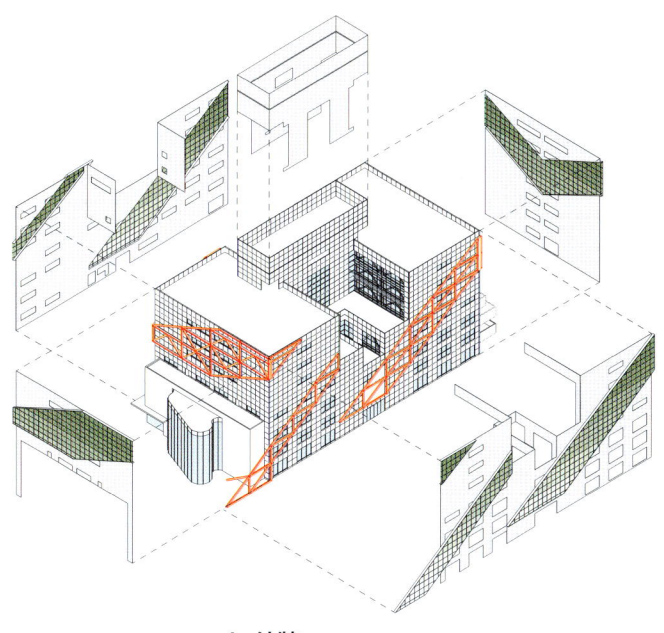

RF

RC開口閉鎖補強

7F

6F

5F

内付け耐震ブレース補強

4. 外装

躯体劣化防止のため、躯体・補強ブレースを金属板・ガラスでパッケージ。
外観イメージの一新。

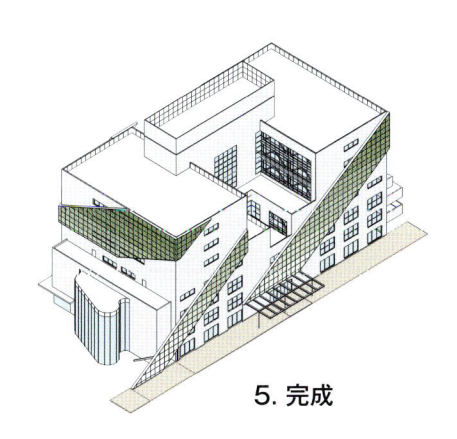

5. 完成

浜松サーラ・リファイニング

世界初の耐震補強構法で、複合ビルの大規模改修を実現

　東海地方は東海地震の確率が高く、公共性の高い建物は早くから耐震性の向上を求められていた。この浜松サーラも行政の指導を受けていたが、建物が大規模なこと、また自社グループだけでなく、テナントも多く入っていることから、なかなかおいそれとはいかなかったようだ。そんな状況の中で、北山創造研究所の北山孝雄氏より、この建物の耐震補強は可能だろうかというお話をいただいた。既存建物は故・黒川紀章氏による設計であり、現代建築の耐震補強の一例になるのではないかと考え、挑戦することにした。

　築29年が経ち、技術的な問題以外にも、現在、自社グループで使っているスペースと外部テナントが入っているスペース、結婚式等に使われていたスペース等があり、良い意味でも悪い意味でも、いろいろなものが詰まった建物である。さらに、今のままの床面積を今後何十年間も自社およびテナントが使い続けることができるだろうか、という問題も突きつけられることになった。地方都市はどこでも同じように次第に人口減となり、床は必然的に余ってくる。そこで北山氏から出されたテーマは、パブリックスペースを多く取ることによって、利用者が余裕を持って事業や生活ができるのではないか、ということであった。そこから導き出された回答は、「公民館のような施設」にしようということであった。近隣の人々が自然にここに集まるような賑わいのある空間が生まれれば、必然的に、ここで働く人々も何かしらの恩恵を受けるだろう、というわけである。例えば、カフェ等のキッチンは家賃を払う部分、客席は誰もが自由に使えるスペースとすれば、賑わいを創出できるのではないか。このようなコンセプトにより、商業スペースとして使われている1～4階には自由に利用できるスペースがかなり生まれた。また、外部空間と一体的な利用ができるような広場をつくった。その結果、地域の人の利用率は確実に増えているようだ。

　既存建物は軽量コンクリートで設計されていたが、調査の結果、実際には普通コンクリートで施工されていることがわかり、比重が2割ほど重いことが判明した。そのため、かなりの思い切った耐震補強の必要性に迫られた。そこで金箱構造設計事務所と協議を重ね、「スパイラル・ブレースドベルト補強」を採用した。これは、建物を使用しながら耐震補強工事を行う「居ながら施工」を行うために、内部の耐震補強を極力少なくするよう計画した補強方法である。入居者はビル内で一度移動するだけで、すべての工事が完結するように施工計画を立てた。施工に当たった鹿島建設は、自社の技術はもとより、他社により開発された耐震補強も積極的に採用し、工期内に施工を無事完了させた。

　外部仕上げは、クライアントがガス会社であることをコンセプトに、ガス分子をデザイン化したガルバリウム鋼板を弁当箱状に加工してはめ込んでいくような工法を、勝又金属と共同で開発し、首都大学東京で強度の実験を行い、安全を確認した上で施工にあたった。困難な作業ではあったが、実り多い実績を上げることができた。

広めにとられたパブリックゾーン

Refining of Hamamatsu Sala

The large-scale renovation of a complex building using the world's first anti-seismic reinforcement method

Since the probability of Tokai Earthquake is considered to be relatively high, the quake resistance of highly-public buildings should be enhanced in Tokai area. Hamamatsu Sala, like others, received administrative advice on the quake resistance but had difficulty in improving the resistance since it was large and had not only the company's own group tenants but also many other tenants. Under these circumstances, Takao Kitayama at Kitayama & Company asked me whether antiseismic reinforcement of this building was possible. Since the existing building was designed by Kisho Kurokawa, I thought that this would be a typical case of antiseismic reinforcement of modern architecture. So I decided to tackle the reinforcement.

After 29 years from the initial construction, the building had not only technological problems but also utilization problems since it had diverse types of space such as that used by company groups, that by other tenants, and that used for weddings. Another problem was whether the company groups and the tenants could continue to use the building for the next several decades. Every suburban city has the problem of population decrease and only small floor spaces will be necessary. With this situation, Kitayama proposed the theme of making a large public space, with which users work and carry out other activities in plenty of space. The final answer that we reached was to make it like community center. If a space where people could gather around were provided, people working in the building would necessarily receive benefit. For example, if we make a cafe space or kitchen facilities there, we need to pay the rent but the table space, which is open to the public, would create a bustling atmosphere. Under this concept, large freely-usable spaces were created on the first to fourth floors which had been used only as commercial space. Also a space that was connected to the outside was created. As a result, the utilization rate by local people has been increasing.

Light-weight concrete was used in the original design of the existing building. As a result of the survey, however, we found that ordinary concrete was actually used, which increased the building weight by 20%. Considerable antiseismic reinforcement was therefore necessary. I discussed the problem with Kanebako Structural Engineers and decided to employ "spiral brazed belt reinforcement," which is a method of making internal antiseismic reinforcement as small as possible to conduct the antiseismic reinforcement work with the building being used. The building users had only to move inside the building for the work. Kajima, which actually conducted the refining, used not only its own technology but also the antiseismic reinforcement method developed by another company and completed the work as scheduled.

For the external finishing, we developed a construction method of attaching lunch-box shaped galvalume metal sheets as a symbol of gas molecules, in collaboration with Katsumata Metal Industry considering that the client is a gas company. We performed experiments on this method at Tokyo Metropolitan University and used the method in actual construction after checking its safety. It was difficult work but we achieved satisfactory results.

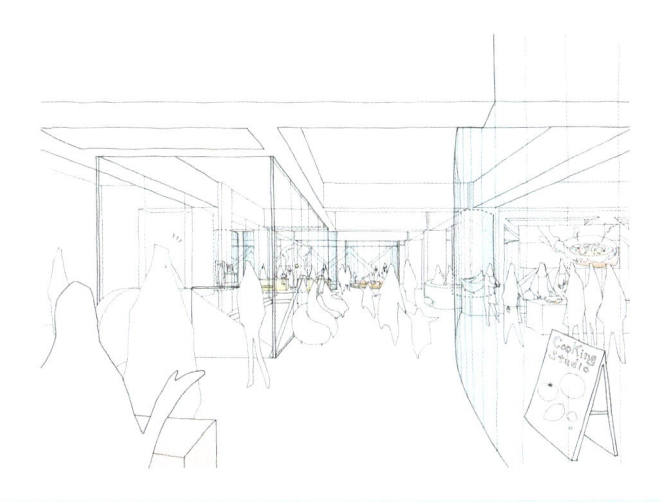

No.4 **YS BLD. リファイニング**
Refining of YS building

中古ビルを快適な都心住居に

4階ダイニングキッチン、ルーフバルコニー、リビングルーム。
バルコニーの活用でインテリア空間は大きく拡がる

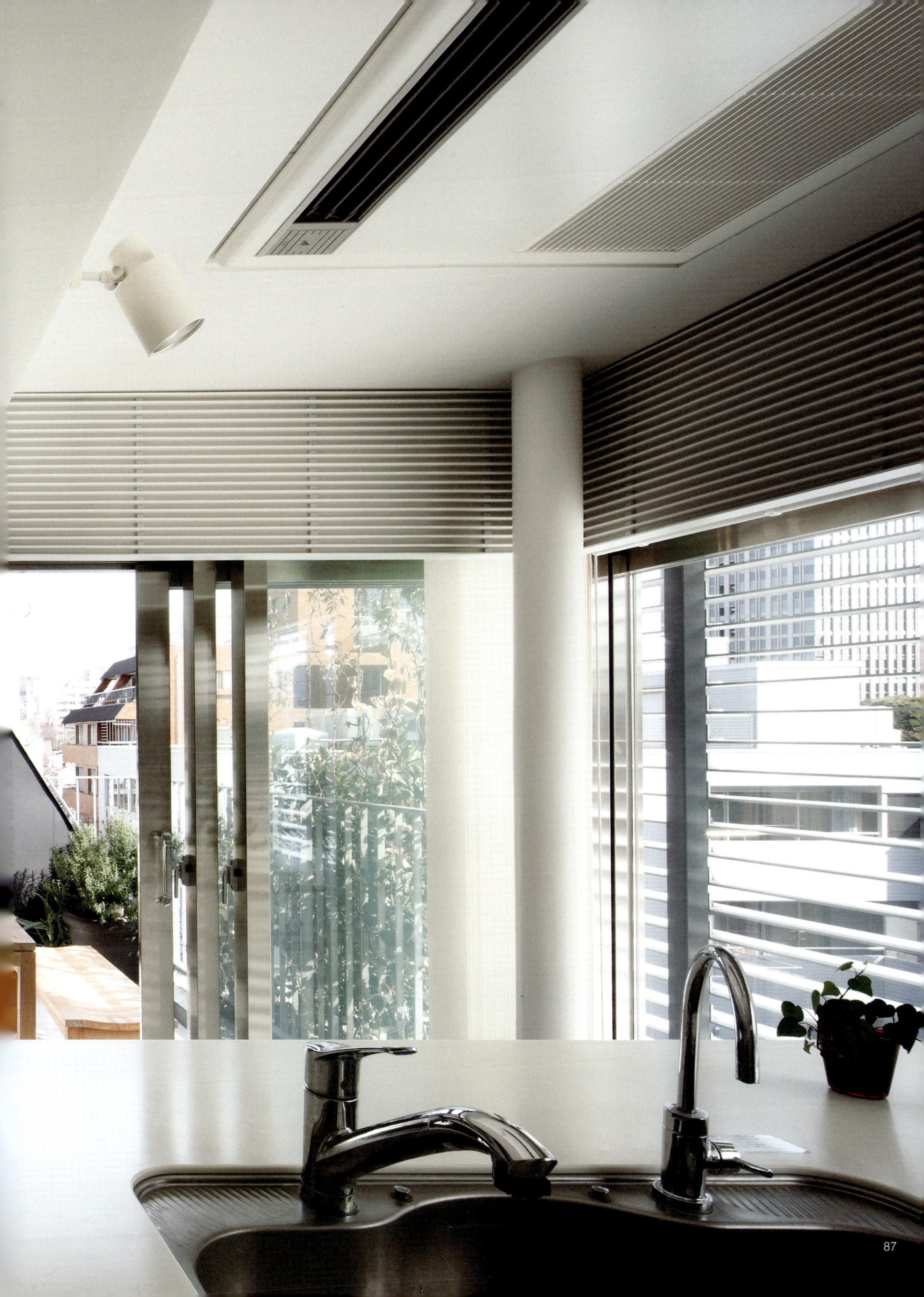

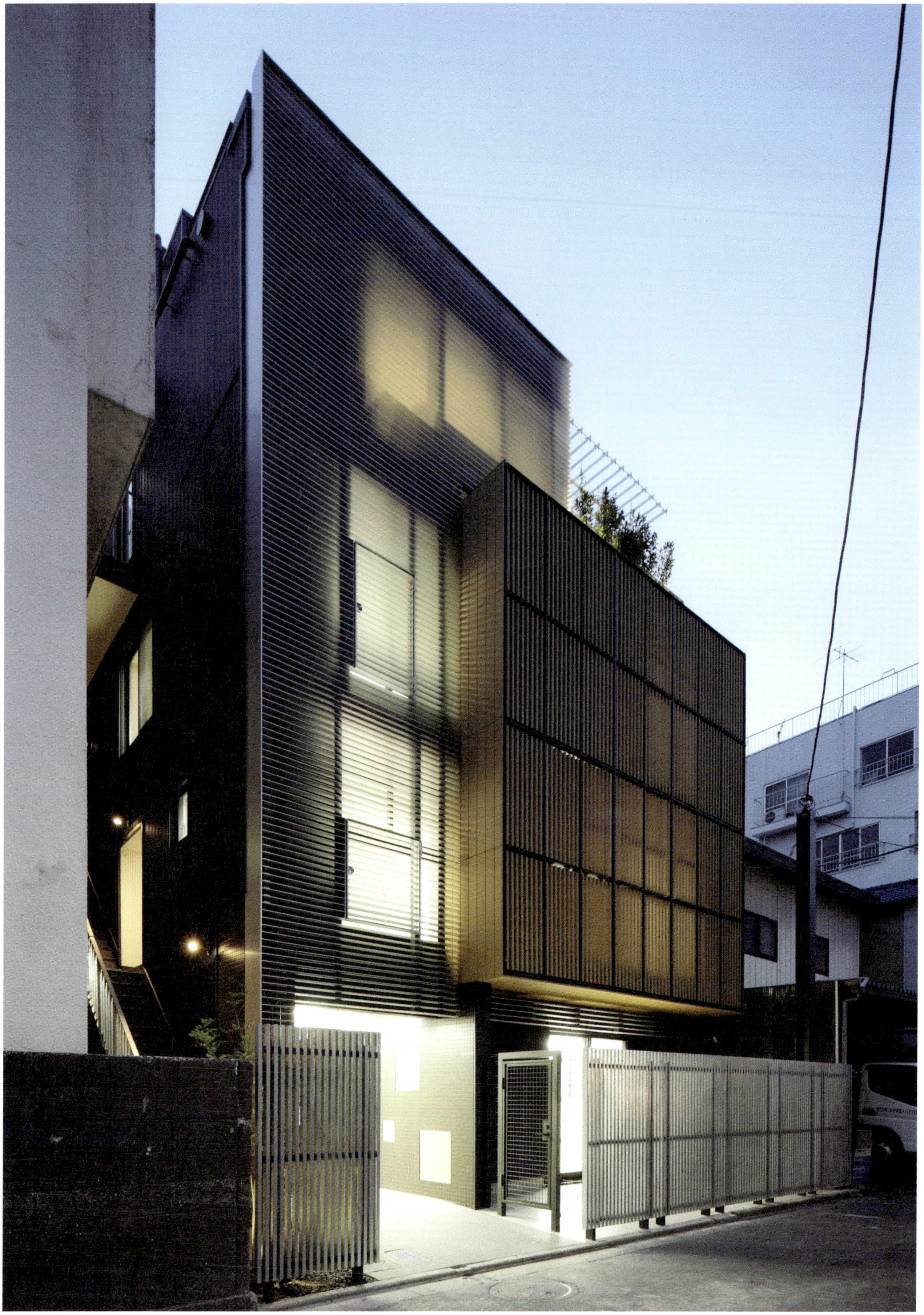

左頁：夜景。ルーバー越しにやわらかな光が漏れる

上左 (before)：大きな開口部やバルコニーがありながら、開放的な暮らし方は難しかった

上右：バルコニーを覆う再生木ルーバーは向かい側マンションのバルコニーからの視線を遮りつつ、光と風を室内に取り込む。一部開閉可能

右：外壁をガルバリウム鋼板、バルコニーは再生木のルーバーで覆い、外観を一新。バルコニーは一部撤去。既存躯体を「外断熱による外装」と「内断熱による内装」でサンドイッチすることで、躯体コンクリートが直接外気に触れないようにして、中性化と劣化を防いでいる

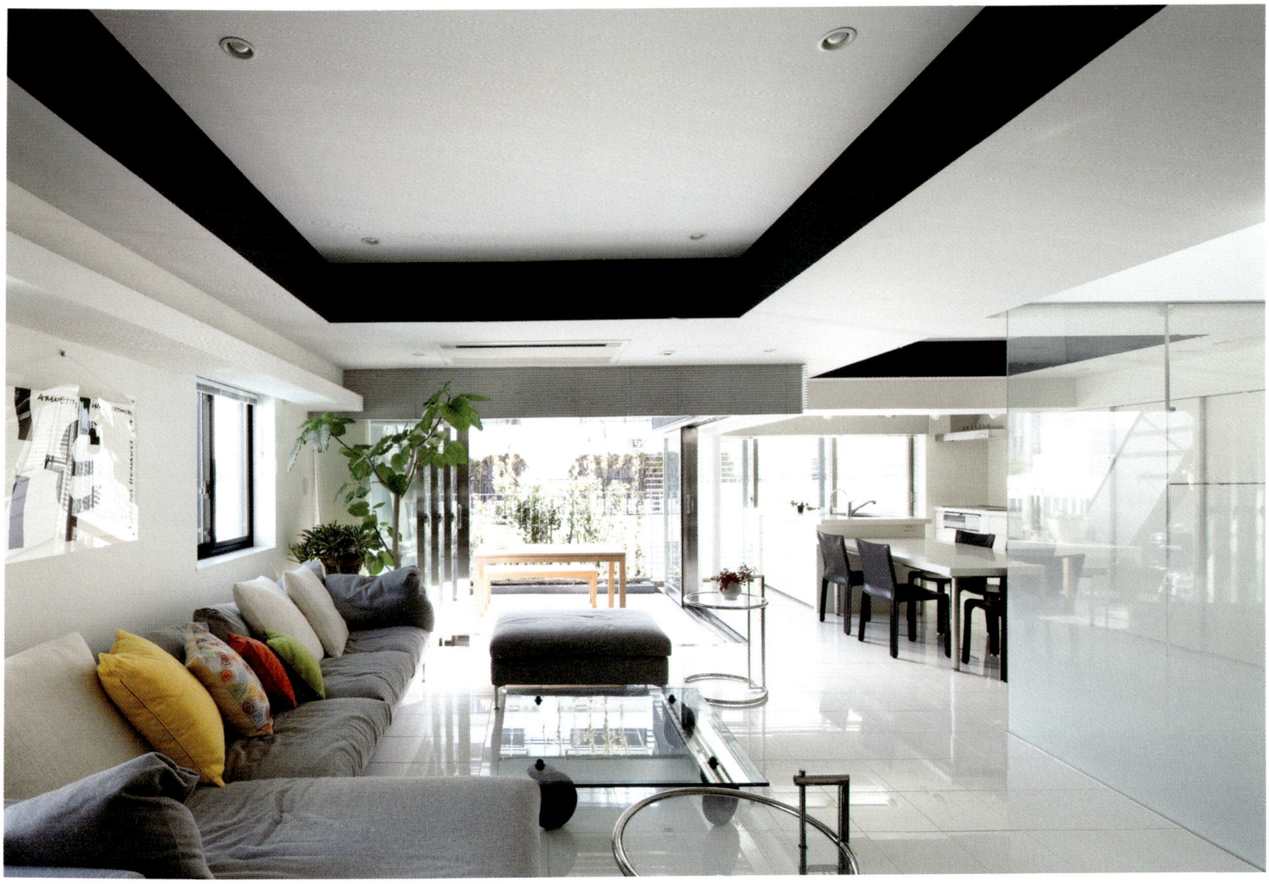

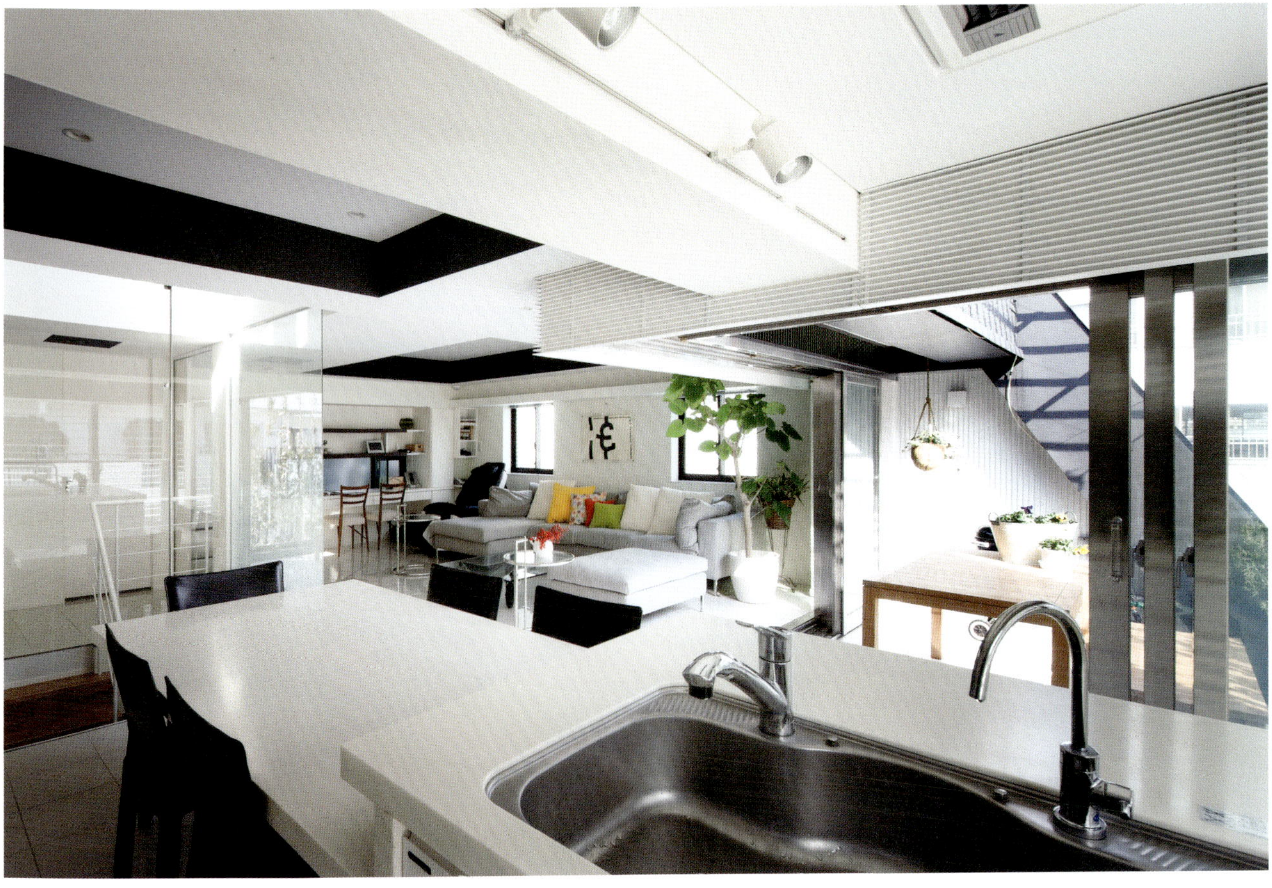

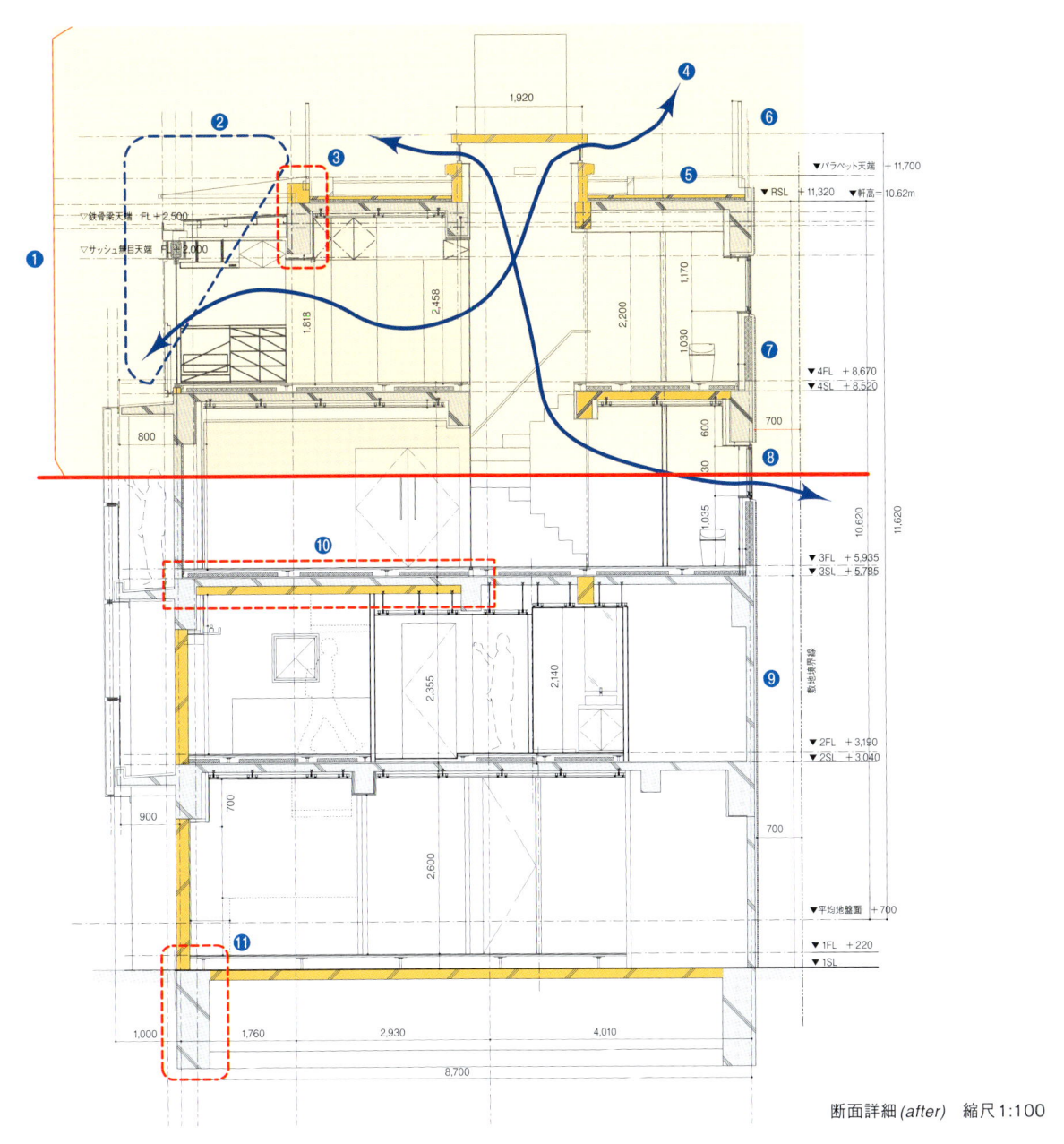

断面詳細 *(after)* 縮尺1:100

左頁
上:4階リビングルーム。最上階という条件を生かし、明るく、開放感のあるインテリアに変身。3、4階はメゾネット住居で、3、4階を結ぶ内階段を今回新設した
下:キッチン部分は天空率により面積が緩和されたスペース

屋上。新設したハイサイドライトと屋上緑化

リファイニングのポイント

❶日影制限の既存不適格による緩和。
❷天空率(現行法規)により面積が緩和され可能になった室内。
❸逆梁にすることで8mの大スパンを確保した。
❹ハイサイドライト(新設)によりメゾネットの通気を行っている。
❺屋上緑化により住環境を向上。(助成金取得)
❻高反射塗料により躯体を遮熱。(助成金取得)
❼建物の重量を軽減するためにRC腰壁を撤去し、乾式腰壁を設置。
❽断熱効果を高めるためにLOW-e複層ガラスを採用。
❾既存躯体を外部は断熱材+ガルバリウム鋼板、内部は発泡ウレタン+仕上げとして保護。内外断熱を実現。
❿3階能舞台の下階への重量衝撃音を緩和するため、スラブ増打ちを行った。
⓫確認検査証がなかったため、基礎のチェックを行った。

3階

リファイニングのポイント

❶ エレベータを新設するために、スラブ・階段を解体。
❷ メゾネット住居とするために階段を新設。
❸ 舞台下の住居への遮音を考慮し、RC床を増打ち。
❹ 躯体の重量軽減のため、バルコニーを一部解体。
❺ ルーバー内はバッファゾーンとし、エアコン室外機もここに設置。

凡例：
- RC既存躯体
- 新規RC躯体
- 乾式間仕切り
- 乾式躯体
- ポイント

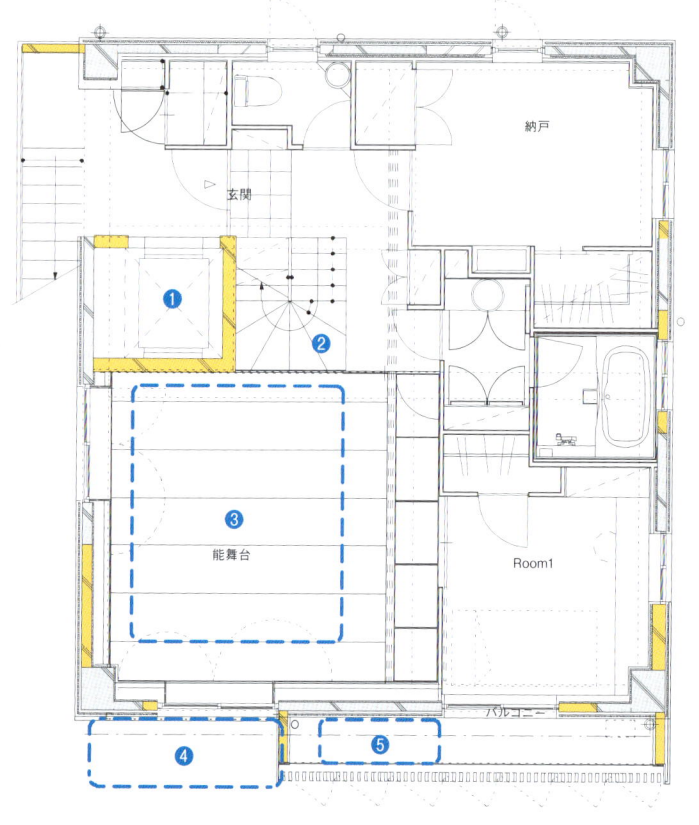

3階平面 (after)　縮尺1:100

上：Room1／下：能舞台

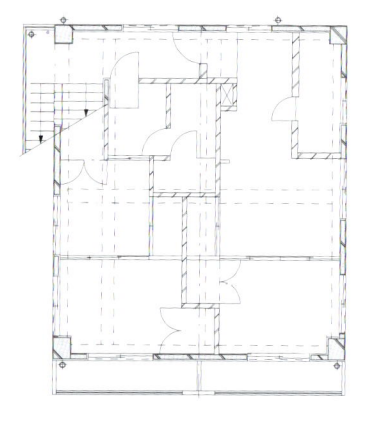

3階平面 (before)　縮尺1:200

左 (before)：玄関を入るとキッチンとダイニング、その奥にバルコニーに面した居室があった
右 (before)：バルコニーに面した居室

4階

リファイニングのポイント

❶エレベータを新設するために、スラブ解体。
❷階段を設置するために、スラブ解体。
❸屋上梁を逆梁補強。その結果、袖壁補強が不要になり、開放的な空間が実現した。
❹天空率による緩和を適用し、キッチンを増床。
❺トップハイサイドライトを新設。
❻RH階、屋上緑化。

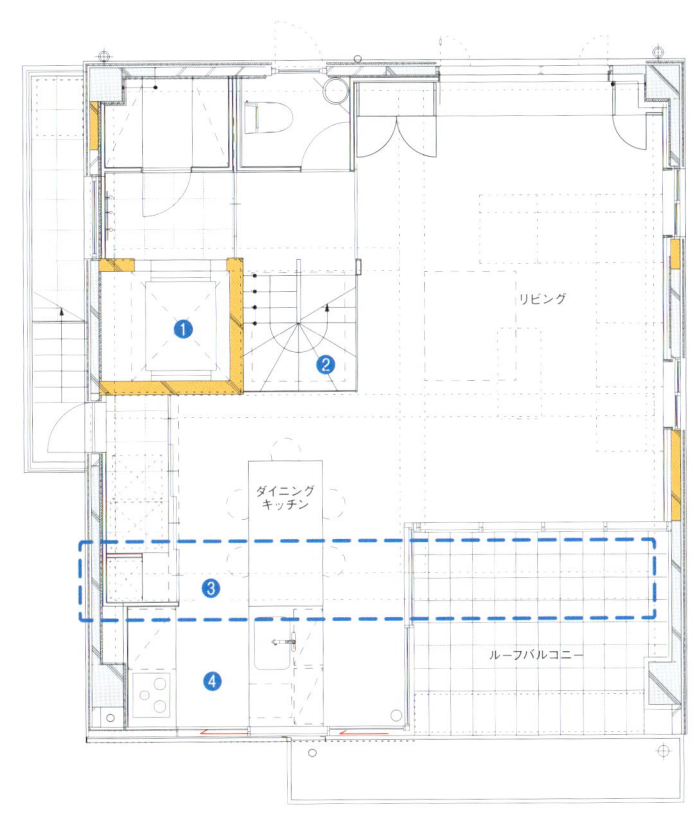

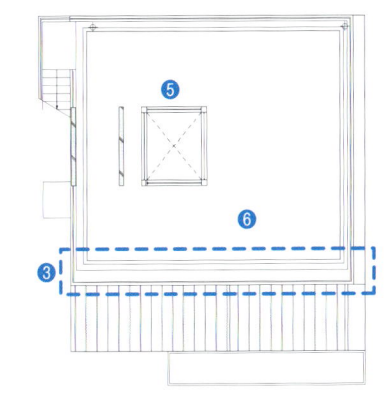

RH階平面 (after)　縮尺1:200

4階平面 (after)　縮尺1:100

バルコニーには緑化壁を設置し、周辺からの視界を遮断する計画

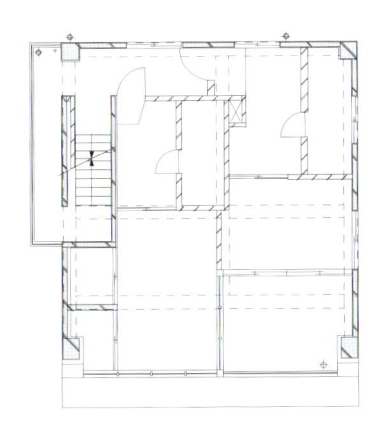

4階平面 (before)　縮尺1:200

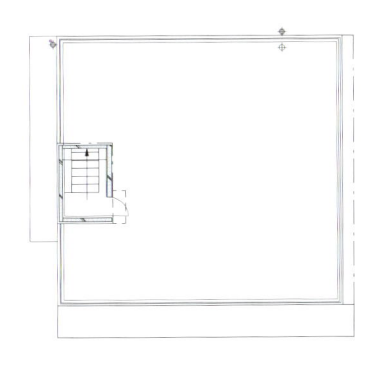

RH階平面 (before)　縮尺1:200

(before)：居室とバルコニー

2階

凡例:
- RC既存躯体
- 新規RC躯体
- 乾式間仕切り
- 乾式躯体
- ポイント

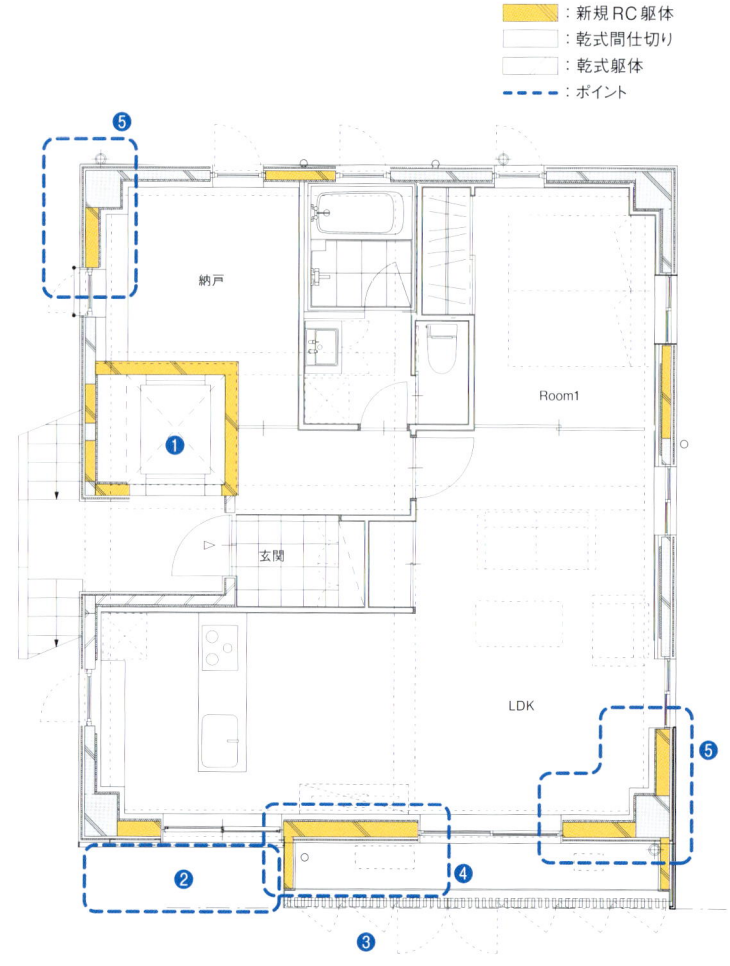

2階平面(after) 縮尺1:100

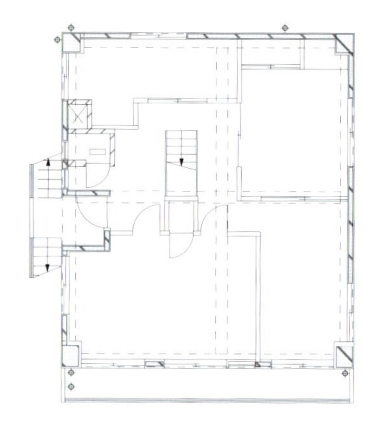

2階平面(before) 縮尺1:200

リファイニングのポイント

❶ エレベータ新設のためにスラブ解体。
❷ 躯体の重量軽減のため、バルコニーを一部解体。
❸ バルコニーにルーバーを設置。
❹ スパンの中央にコンクリート壁を設置（耐震補強）。
❺ 既存躯体の4本柱に袖壁を設置（耐震補強）。

上(before)：居室全面にバルコニーがあったが、スダレを下ろしたり、植栽を置くなどして、近隣からの視線を遮っていた
下(before)：2階居室

上：2階リビングダイニング。キッチン天井の打放しは遮音用RC増し打ち

下 (before)：リファイニング工事中の様子。仕上げをすべて撤去し、躯体を露出した状態

1 階

- ▨ : RC既存躯体
- ▨ : 新規RC躯体
- □ : 乾式間仕切り
- □ : 乾式躯体
- - - - : ポイント

リファイニングのポイント

❶ エレベータ新設のためにスラブ解体。
❷ スパンの中央にコンクリート壁を設置（耐震補強）。
❸ 既存躯体の4本柱に袖壁を設置（耐震補強）。

納戸。コンクリートのボックスは新設したエレベータシャフト

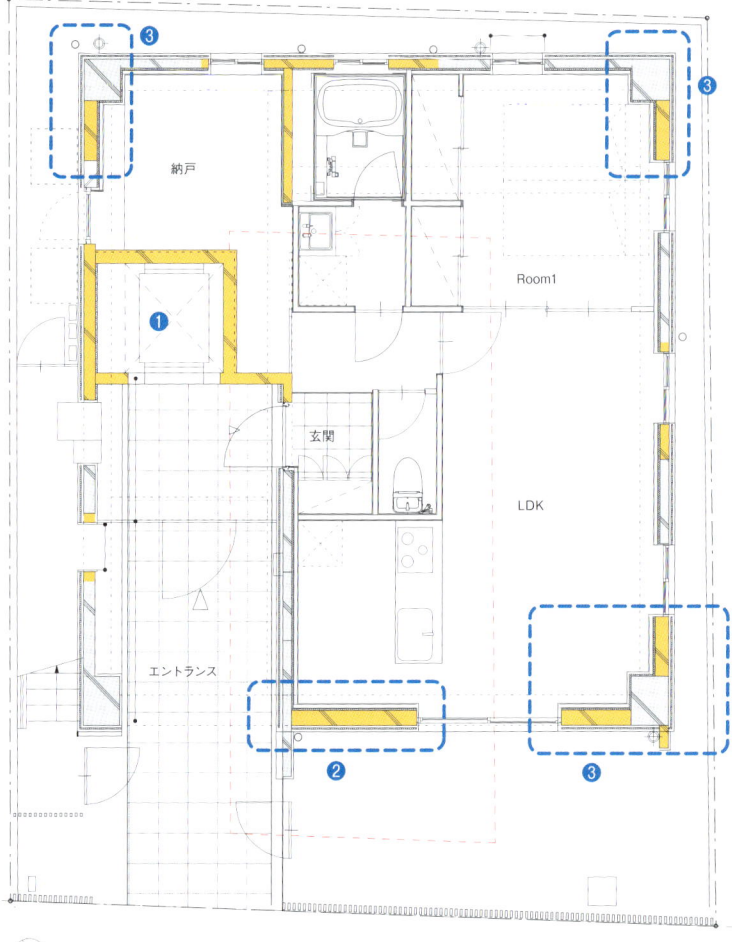

1階平面 (after)　縮尺1:100

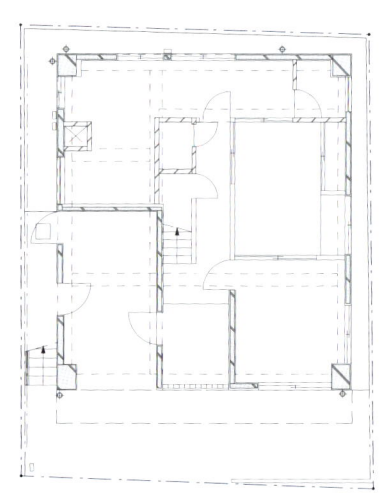

1階平面 (before)　縮尺1:200

左 (before)：既存駐車場は、リファイニング後、エントランスに変更
右 (before)：居室

構造基礎調査

構造図、構造計算書がなかったため、工事に先だってシュミットハンマー試験によるコンクリート圧縮推定調査、コンクリートのハツリ、コア抜き調査、大きさの確認、躯体基礎調査を行い、各階ごとにチェックシートを作成し、構造図面を復元した。

既存建物とコンクリートの状態　　シュミットハンマー試験　　基礎調査　　続・基礎調査

既存状態詳細図（1階）

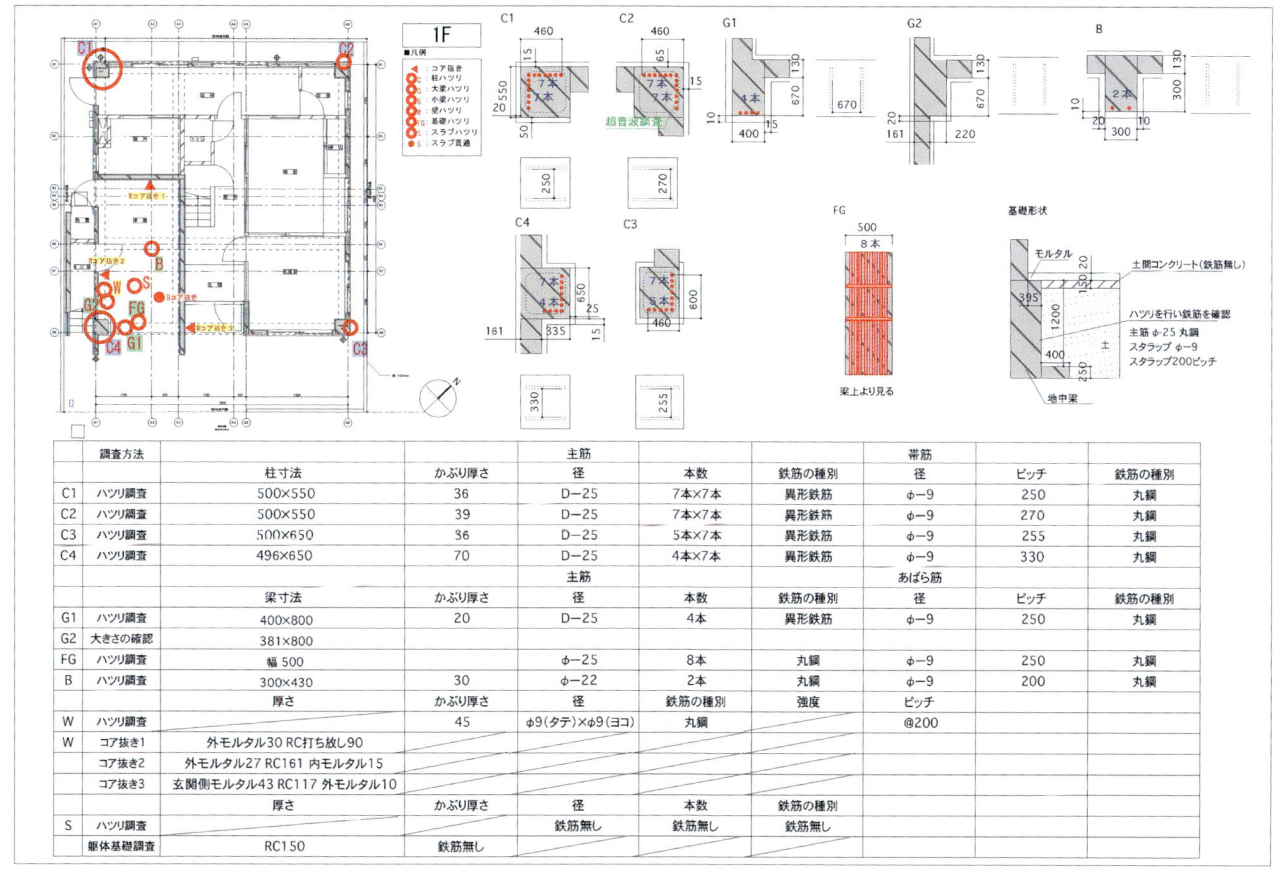

	調査方法	柱寸法	かぶり厚さ	主筋			帯筋		
				径	本数	鉄筋の種別	径	ピッチ	鉄筋の種別
C1	ハツリ調査	500×550	36	D-25	7本×7本	異形鉄筋	φ-9	250	丸鋼
C2	ハツリ調査	500×550	39	D-25	7本×7本	異形鉄筋	φ-9	270	丸鋼
C3	ハツリ調査	500×650	36	D-25	5本×7本	異形鉄筋	φ-9	255	丸鋼
C4	ハツリ調査	496×650	70	D-25	4本×7本	異形鉄筋	φ-9	330	丸鋼
		梁寸法	かぶり厚さ	主筋			あばら筋		
				径	本数	鉄筋の種別	径	ピッチ	鉄筋の種別
G1	ハツリ調査	400×800	20	D-25	4本	異形鉄筋	φ-9	250	丸鋼
G2	大きさの確認	381×800							
FG	ハツリ調査	幅500		φ-25	8本	丸鋼	φ-9	250	丸鋼
B	ハツリ調査	300×430	30	φ-22	2本	丸鋼	φ-9	200	丸鋼
		厚さ	かぶり厚さ		鉄筋の種別	強度	ピッチ		
W	ハツリ調査		45	φ9(タテ)×φ9(ヨコ)	丸鋼		@200		
W	コア抜き1	外モルタル30 RC打ち放し90							
	コア抜き2	外モルタル27 RC161 内モルタル15							
	コア抜き3	玄関側モルタル43 RC117 外モルタル10							
		厚さ	かぶり厚さ	径	本数	鉄筋の種別			
S	ハツリ調査			鉄筋無し		鉄筋無し			
	躯体基礎調査	RC150	鉄筋無し						

ダイアグラム

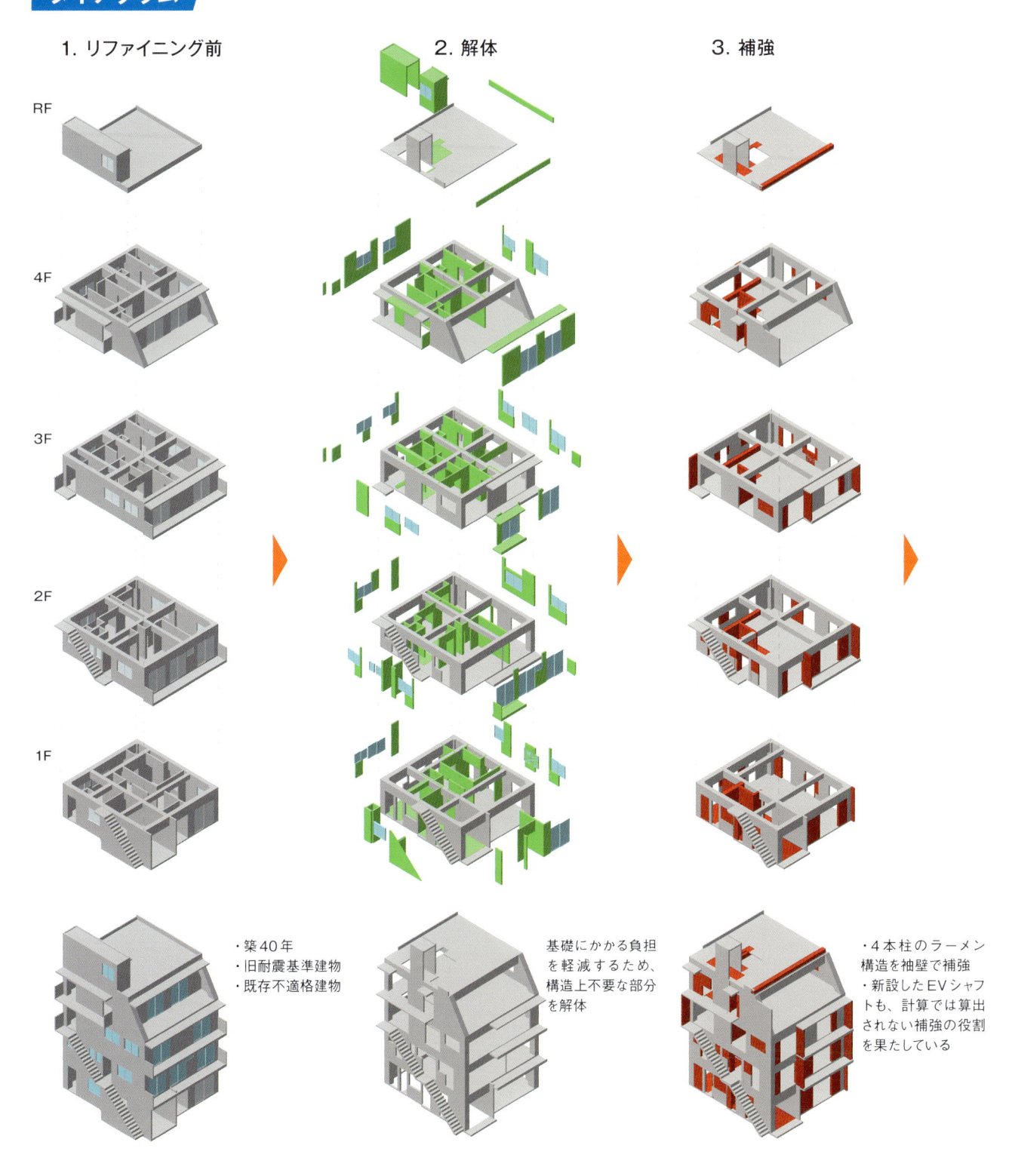

1. リファイニング前

RF / 4F / 3F / 2F / 1F

- 築40年
- 旧耐震基準建物
- 既存不適格建物

2. 解体

基礎にかかる負担を軽減するため、構造上不要な部分を解体

3. 補強

- 4本柱のラーメン構造を袖壁で補強
- 新設したEVシャフトも、計算では算出されない補強の役割を果たしている

構造のポイント

①既存建物は4本柱によるラーメン構造。通常の耐震診断基準（Is値0.6）を上回るIs値0.7を補強目標とし、主として袖壁、新設したエレベータの鉄筋コンクリートコアによって補強した。
②補強による建物の重量増は基礎に負担をかけるため、不要な腰壁、塔屋、バルコニーの一部を撤去した。
③最上階（4階）は逆梁補強を行い、開放的な8mスパンを維持した。

4. 増築　　　5. 内・外断熱

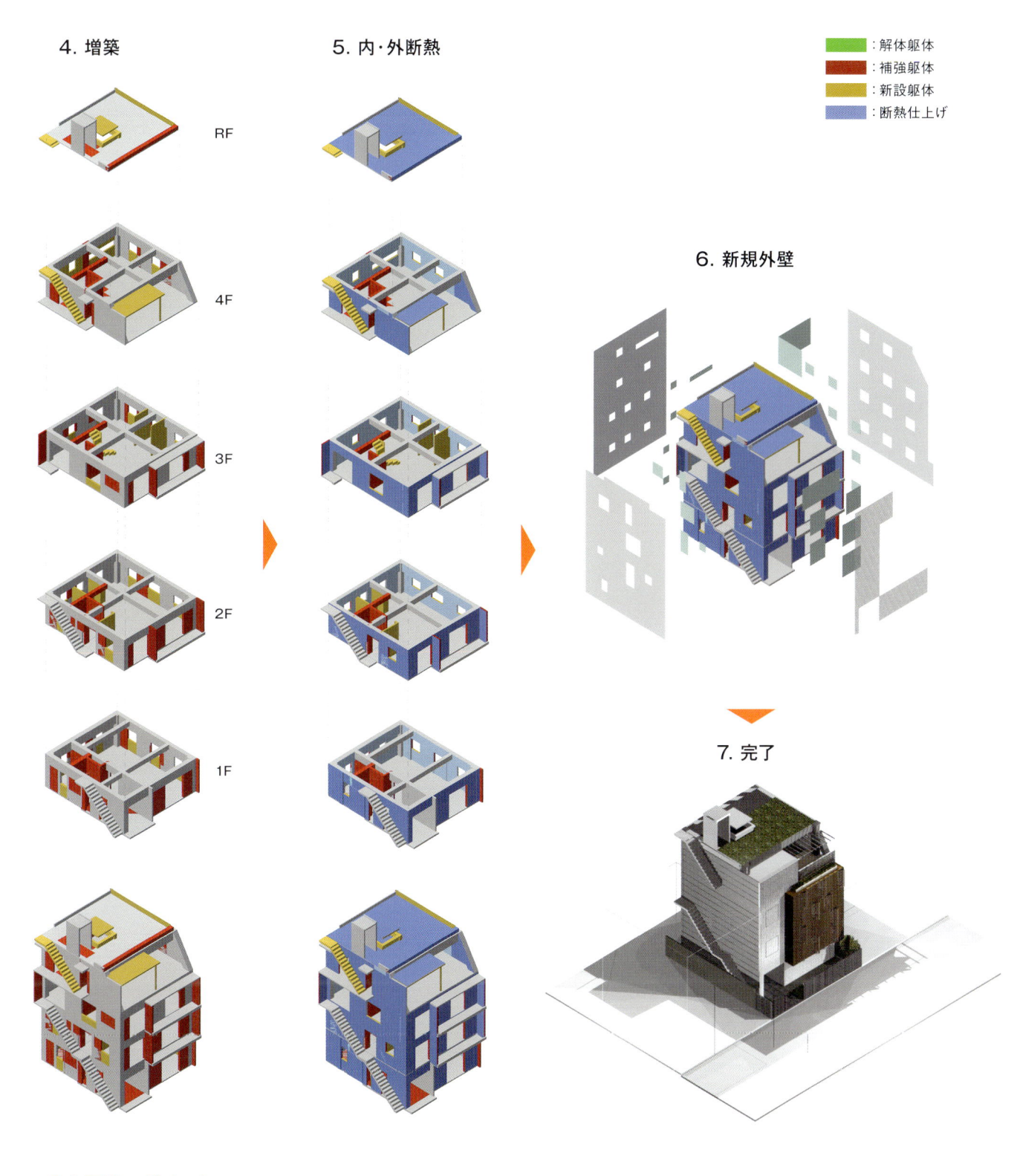

　　　　　　　　　　　　　　　　　　:解体躯体
　　　　　　　　　　　　　　　　　　:補強躯体
　　　　　　　　　　　　　　　　　　:新設躯体
　　　　　　　　　　　　　　　　　　:断熱仕上げ

RF

4F

6. 新規外壁

3F

2F

7. 完了

1F

室内環境のポイント

①幅員4mの前面道路（南東側）をはさんで近隣マンションのバルコニーと直面しているため、道路側の外装材は再生木と金属のルーバーとして、プライバシー確保と日射抑制を考慮した。
②外壁は外断熱と内断熱を併用し、屋根、壁、床と外気を完全に遮断している。
③室内に溜まった熱気は、建物の中心に新設したメゾネットの吹抜けからトップサイドライトへ抜ける。その結果、外気環境に影響されない、夏・冬とも快適な室内環境が得られた。

YS BLD.・リファイニング

既存コンクリート壁を断熱＋仕上げ材でサンドイッチ、躯体保護と快適な室内環境に高効果

　東京、福岡、大分に事務所があるため、行ったり来たりの生活を続けてきたが、このところ東京での暮らしが長くなった。だが、マンション生活にいささか慣れることができず、住み心地の点でもう少し快適性を求めたいという家内の要望があり、それなら、自分で開発したリファイニング建築で、と考えた。まずは、金融機関と相談して予算を決め、その範囲で購入できる土地・建物を絞り込んだ。候補は２つあり、１つは建築図書一式および確認申請書、検査済証など、すべて揃っていた。一方、実際に購入した三田の建物はまったく資料がなく、あるのは簡単な平面図のみであった。港区役所で台帳を調べたところ、確認申請書は提出されていたが、検査済証はなかった。しかし港区のハザードマップを調べると、一方は大雨時、水没の危険がある地区だった。三田のほうは高台にあり、敷地的には申し分のないところで、近くには亀塚古墳や宮様の住まいもあって、安定した地盤だと判断した。建築図書が揃っていないことは大きなリスクではあるが、成功すれば今日まで培ってきたリファイニング技術の証明にもなるのではないかと考えた。持ち主と協議の上、コンクリートの圧縮強度など建物の調査を行った結果、リファイニングが不可能とわかった場合は解約するという条件付きで着手金をうち、構造調査に入った。その結果、思っていた以上の耐力が確認できた。

　調査期間中、購入と同時に実施設計へ移行できるように、設計作業を進めていた。一般市民に手の届くリファイニング建築のモデルとするため、賃貸住宅付き自宅というプログラムで計画を練り、１階、２階は賃貸住居、３、４階を自宅、一部を稽古場とすることにした。

　既存建物は８ｍ角のほぼ正方形の建物で、構造的には４本の柱によるラーメン構造の単純な構成である。以前リファイニングした「FTK BLD.」（兵庫県神戸市、既存建物完成：1972年、リファイニング完成：2009年）について、阪神淡路大震災で旧耐震の建物がなぜ耐えることができたのかを首都大学東京の北山和宏研究室で検証したところ、袖壁による効果があったのではないかという結論に達した。そこで、今回の建物も、ラーメン構造を袖壁補強することで計画を進めた。必然的に開口部等の制約は出てくるが、このことを上手く利用しながら、環境的にも配慮し、美観的にも新築に劣らないものとした。

　大学に勤務するようになり、特に環境面に関する私自身の思考能力はずいぶんと変化した。今回も首都大学東京の須永修通先生に相談しながら、環境的に優れた建築、デザインに注意しながら計画を進めた。３、４階は、ベランダや窓等の開口部から屋上に設けた空気溜まりのトップライトへ、温度差による空気の流れをつくった。これはかなり効果があることがわかった。また、躯体コンクリートを挟んで、外部側は外断熱の上、ガルバリウム鋼板による外装仕上げ、内部は内断熱の上、漆喰仕上げとした。コンクリートそのものが蓄熱しないことと、コンクリートの中性化防止を狙ったのだが、効果はてきめんで、夏も初期は空気の流れのみによって過ごせ、またエアコンを入れると瞬時に効果が現れた。この断熱方法をすべての建物に施せば、東京のヒートアイランドはかなり抑えられると考えている。

　長いこと田舎で暮らしていた私にとって、都市の生活の快適性を高めることは重要な問題であったので、既存建物の容積率を考慮しながら４階の居間部分にはなるべく広いテラスをとり、内部空間と一体利用できるようにした。気候の良い季節にはここでバーベキューなどもでき、都市生活者にとってはかなり居心地の良い空間である。既存建物の天井高の低さも、天井面の工夫とこのベランダにより窮屈な空間とはならず、思い通りのデザインができた。１、２階の入居者も入り、予定通りの返済計画がスタートできた。

Refining of YS building

Sandwiching the existing concrete walls with insulating and finishing materials, highly effective for protecting the building frame and creating a comfortable room environment

My offices are in Tokyo, Fukuoka and Oita and I have stayed in each of the cities, coming and going between them. But now I spend most of my time in Tokyo. My wife however had difficulty in getting used to living in an apartment complex and wanted to have a more comfortable living environment. So I decided to build a new house using the refining architecture method that I have developed. I first determined the budget in consultation with a bank and looked for land and a building that I could afford. I found two places. One was a building with a full set of architectural documents, building certification application document, and inspection certificate. For the other building, which I actually bought, there was no building information material but a simple ground plan. I checked the ledger at Minato Ward Office and found that the building certificate had been applied for but could not find the inspection certificate. However, I found from the hazard map of Minato Ward that the former building was subject to flooding after heavy rain. On the other hand, the latter was in an upland area on stable land in Mita area, with Kamezuka Ancient Tomb and an imperial family's house nearby. Although the lack of architectural documents posed a considerable risk, I thought that if I succeeded in refining the building it would be proof of my refining technology. Upon discussion with the owner, we decided that the deposit that I paid in advance would be refunded if I found the refining to be impossible from the survey of the building including the compressive strength of the concrete. I then surveyed the building and found it to be stronger than expected.

During the survey, I also designed the refining architecture so that I could start work immediately after I purchased the building. To make it a model of the refining architecture that ordinary people could afford, I decided to refine it into a house with rooms to rent and planned the first and second floors as rented apartment rooms and the third and fourth floors as my house with a practice room.

The existing building was 8m2 and had a simple rigid-frame structure with four columns. When I investigated how FTK BLD. (Kobe City, Hyogo Prefecture; first built in 1972 and refined in 2009), which I refined several years ago, survived the Great Hanshin-Awaji Earthquake in collaboration with Kazuhiro Kitayama's group of Tokyo Metropolitan University, we concluded that the side walls were effective. So I decided to use side walls to reinforce the rigid-frame structure. This necessarily restricted the openings but I tried to pay attention to the environment and make its appearance as fine as that of a newly-constructed building.

Since I became a university lecturer my thinking about the environment has changed significantly. For the present case, I consulted Professor Nobuyuki Sunaga at Tokyo Metropolitan University and decided to aim for environmentally-distinguished architecture and design. For the third and fourth floors, the temperature difference gave rise to air flow from the openings of the balcony and the windows to the top light space of the roof. I found this air flow system very effective. The concrete housing was finished with galvanized steel plates for external thermal insulation and the inside was finished with internal thermal insulation and plaster. This was so that the finishing would prevent the concrete from storing heat or being neutralized. The thermal insulation was very effective. The air flow makes the room temperature comfortable in the summer and switching on the air conditioner immediately cools the rooms. I think that the heat island phenomena of Tokyo would be suppressed significantly if this insulation method were applied to all buildings.

I had lived in a rural area for a long time and it was therefore important for me to augment the comfort of urban life. Taking account of the plot ratio of the existing building I made a terrace in the living area on the fourth floor as large as possible to use it as unified space with the inner room. We can have a barbeque on the terrace in good weather and it makes a comfortable atmosphere for urban living. Since the ceiling of the existing building was relatively low, I used ingenuity in finishing the ceiling surface. With this finishing, as well as the terrace, the space does not feel enclosed. The building was thus renewed just as I intended. We now have residents on the first and second floors and the repayment plan is progressing as scheduled.

リファイニング後の寝室。開閉できる木製ルーバー

No.5 旧戸畑区役所庁舎リファイニング[計画案]
Refining of former Tobata Ward Office (Project)

親しまれてきた庁舎が図書館に生まれ変わる

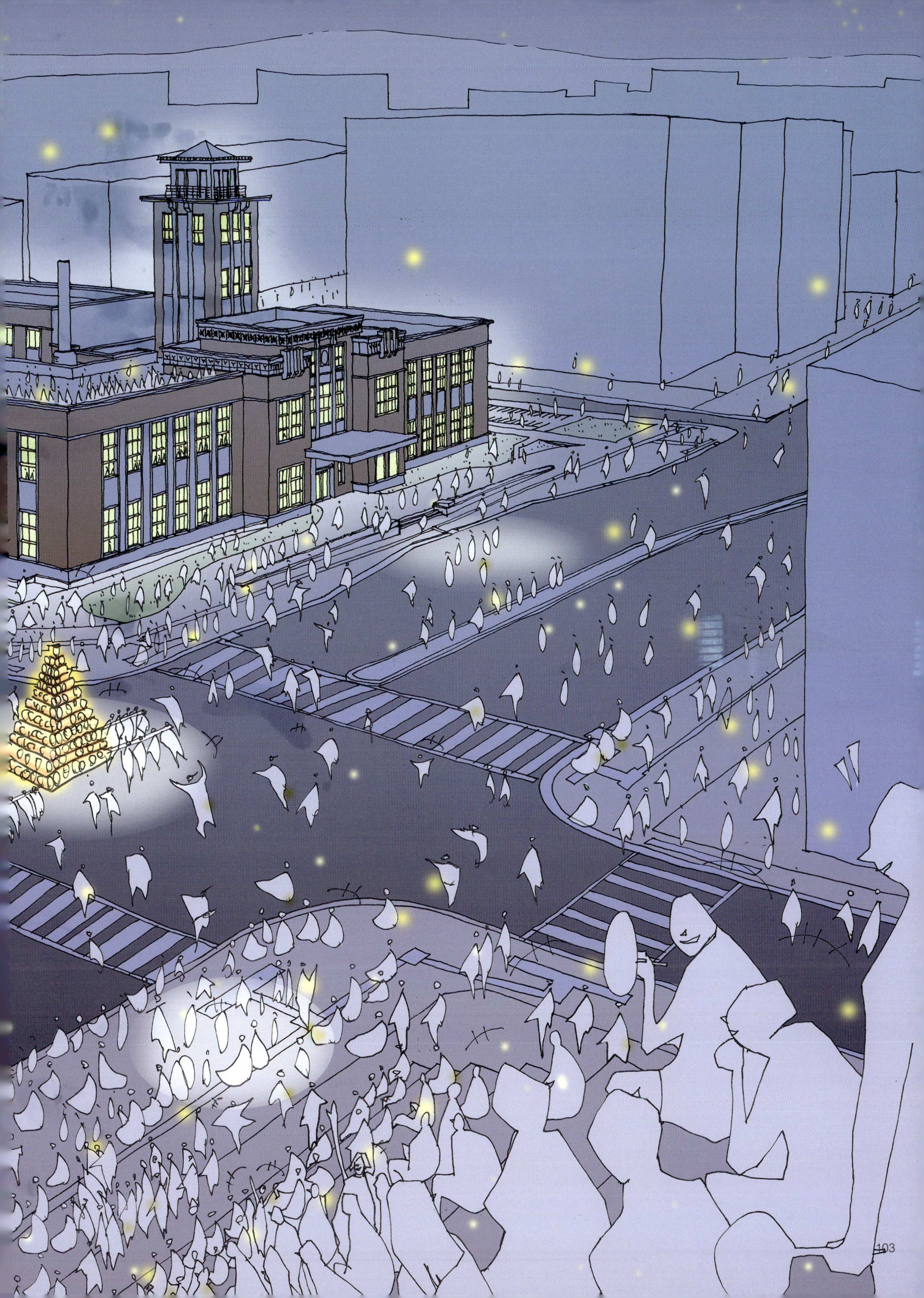

北西側外観。正面に新設の階段部分が見える

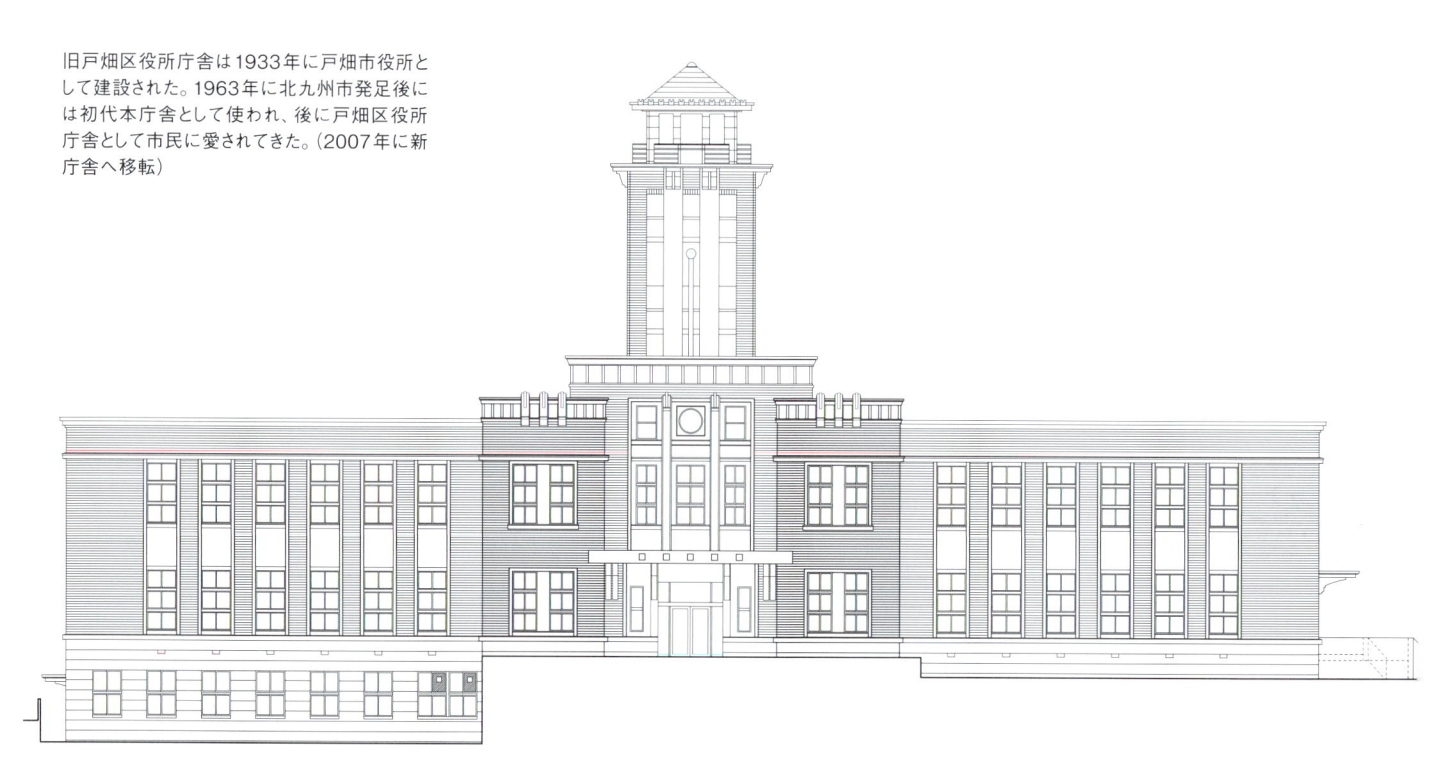

旧戸畑区役所庁舎は1933年に戸畑市役所として建設された。1963年に北九州市発足後には初代本庁舎として使われ、後に戸畑区役所庁舎として市民に愛されてきた。(2007年に新庁舎へ移転)

東立面 *(after)* 縮尺1:300

ロビーから見る補強のイメージ

北立面 (after)

配置計画

2011年12月時点での検討図

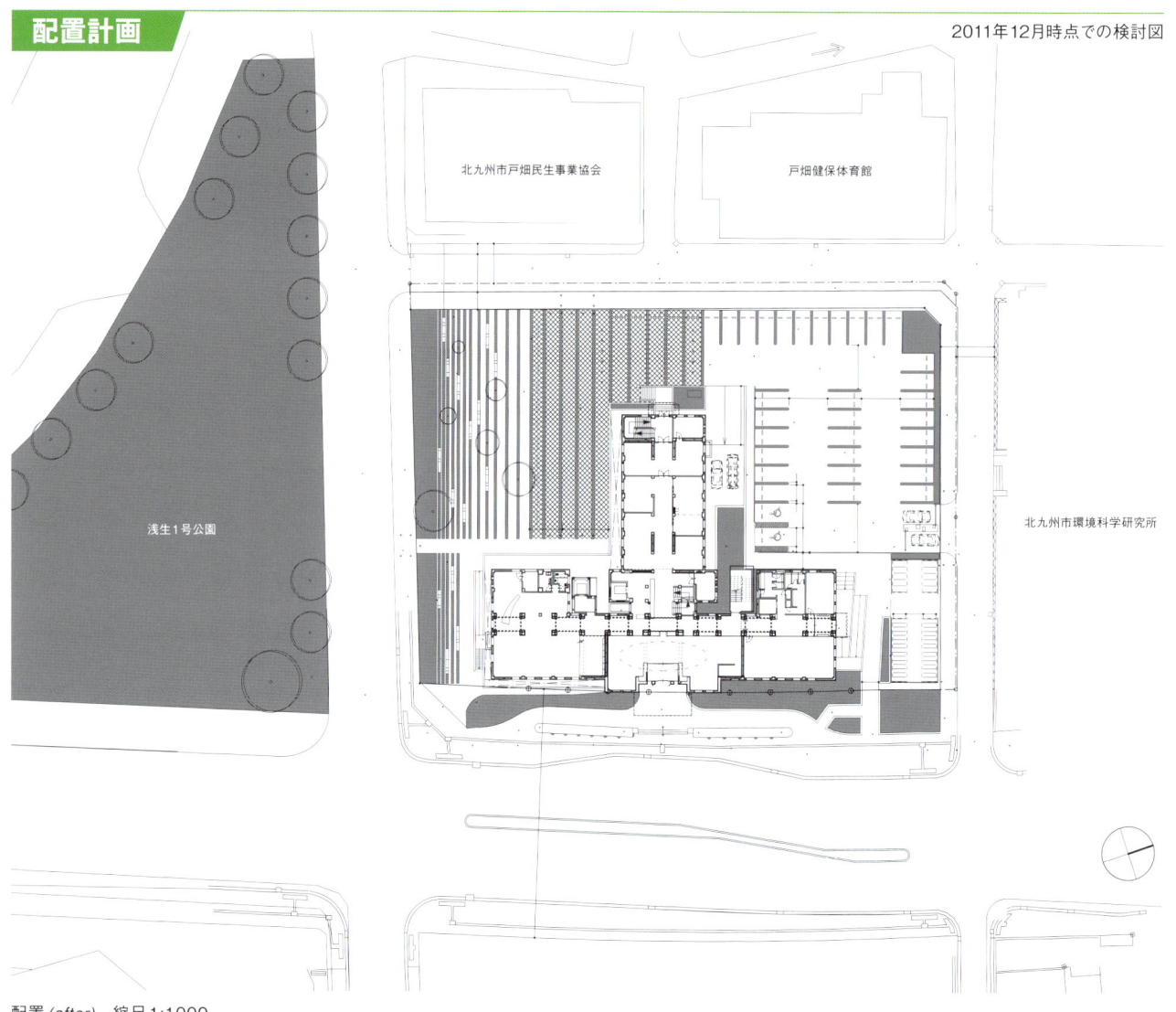

配置 (after) 縮尺 1:1000

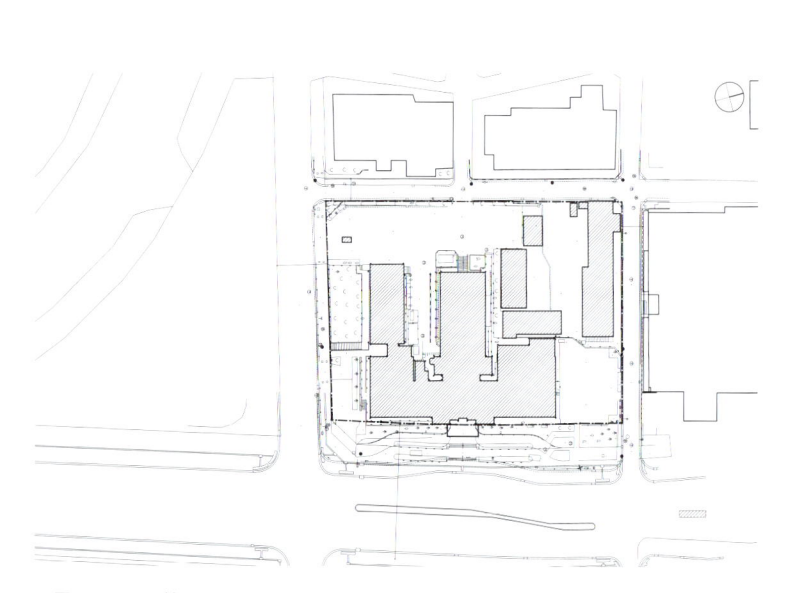

浅生1号公園
北九州市戸畑民生事業協会
戸畑健保体育館
北九州市環境科学研究所

配置 (before) 縮尺 1:2000

上：東側外観　下：南側外観。南側は道路を挟んで浅生1号公園に面している

地下1階

2011年12月時点での検討図

地下1階 (after)　縮尺 1:400

耐震補強

リファイニングのポイント

① RC耐震壁による耐震補強。
② 新規階段を設置し、スタッフ用の裏動線を確保。
③ 大型設備、本や備品の搬入等を考慮し、地階は1,600mmの両開き開口、通路幅を確保。
④ 書庫は恒温恒湿空調設備を設け、所蔵図書を管理。

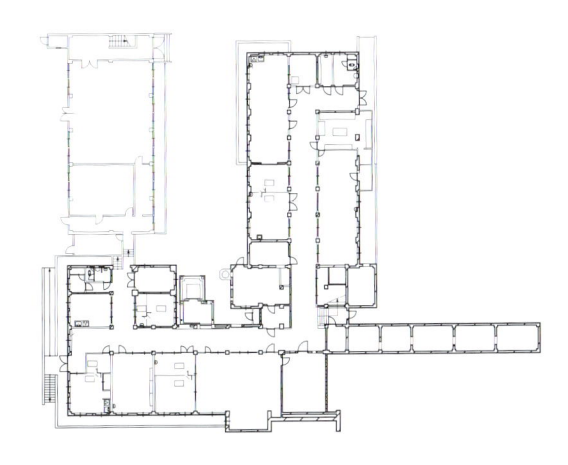

地下1階 (before)　縮尺 1:800

上2点：既存地下1階

1階

2011年12月時点での検討図

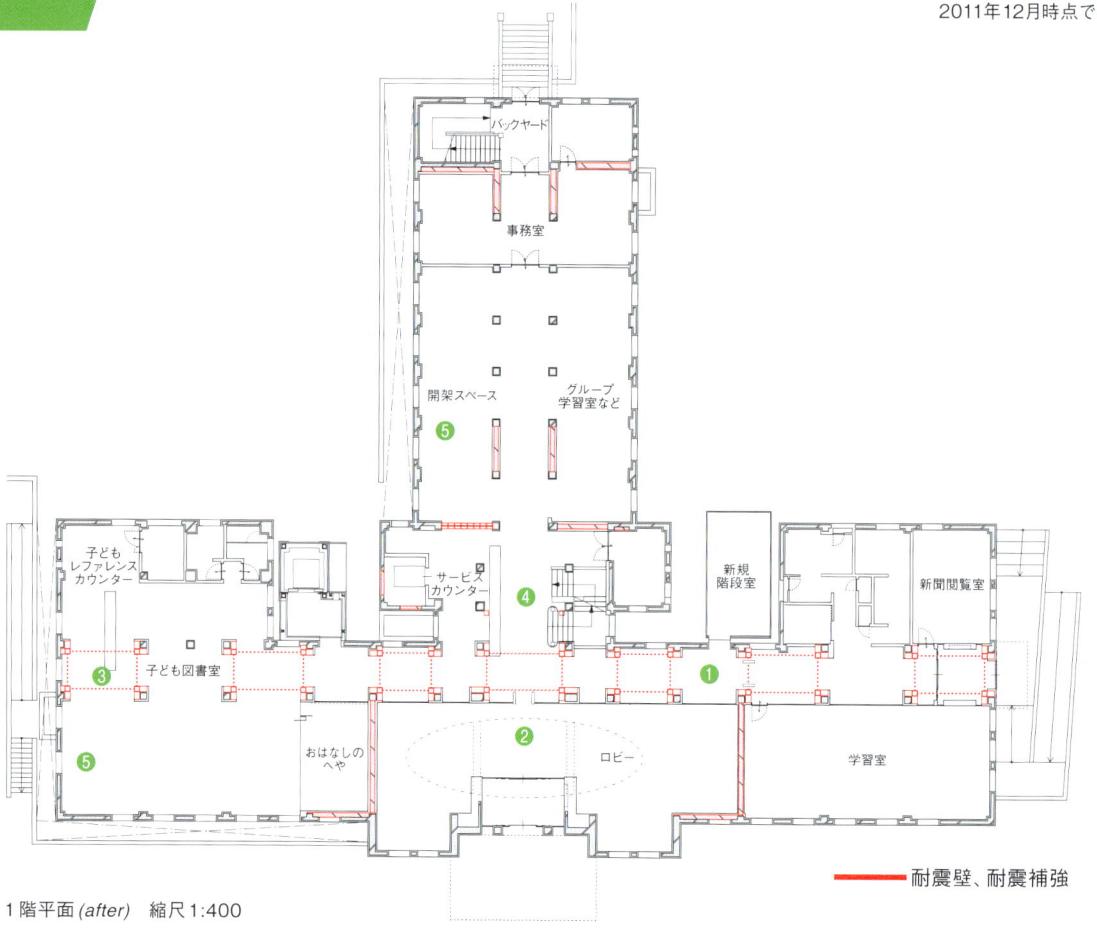

1階平面 (after)　縮尺1:400

── 耐震壁、耐震補強

リファイニングのポイント

❶ RCの耐震壁を最小限とし、廊下部分に鉄骨の補強を行うことで大空間、視線の抜けを確保。
❷ 大きな吹抜けで2階とつながるロビー。
❸ 南側に面した日当たりの良い子ども図書室。
❹ 3方向に目配りが可能なサービスカウンター。
❺ 既存の天井高、開口部を生かした明るい室内の有効利用。

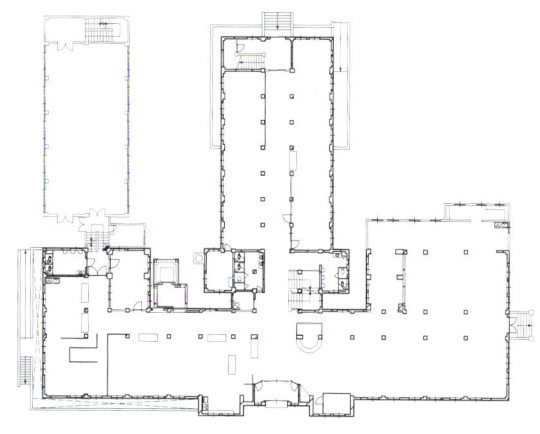

1階平面 (before)　縮尺1:800

上2点：既存1階

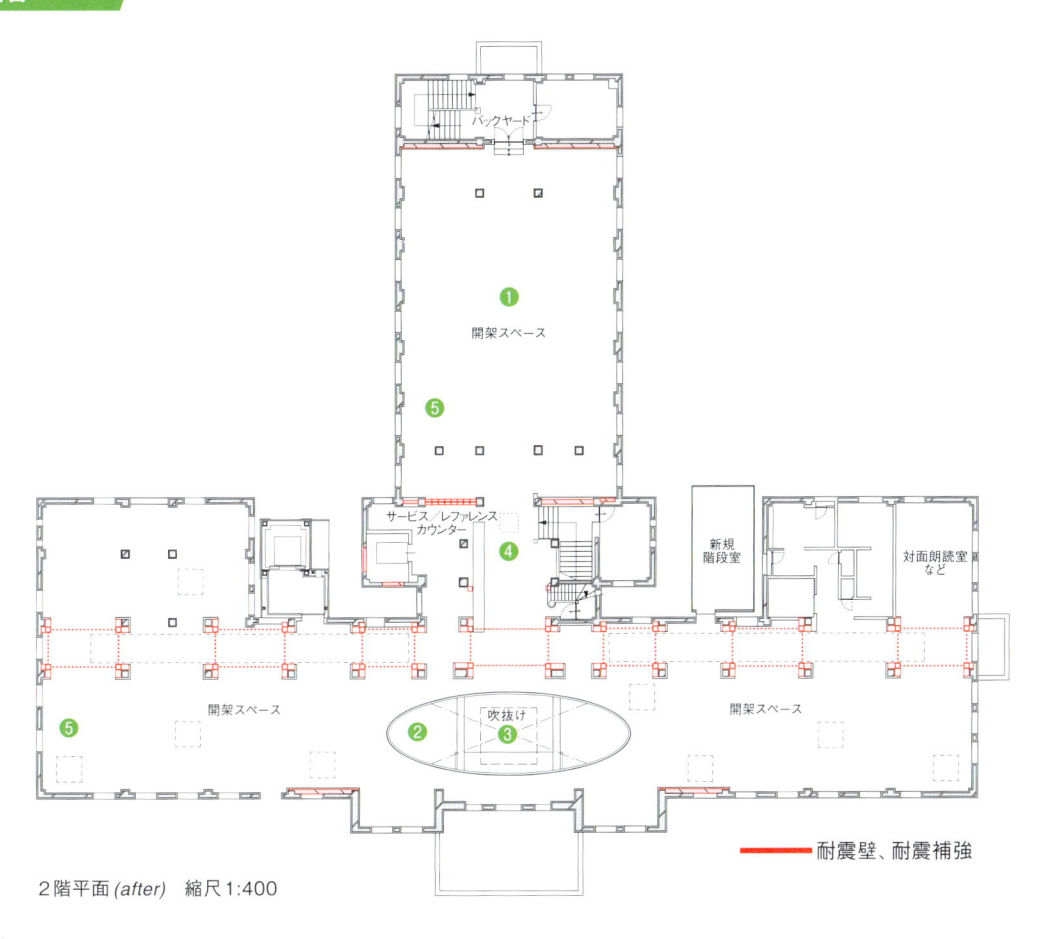

2階

2011年12月時点での検討図

2階平面(after)　縮尺1:400

耐震壁、耐震補強

リファイニングのポイント

❶ 元議場の吹抜け部分に増築されていた3階床を撤去し、オリジナルの天井高さを復元。
❷ 熱だまりを設けたトップライトで煙突効果による換気。
❸ トップライトの光が1階にまで落ちるように、2階床の一部を撤去。
❹ サービス/レファレンスカウンター。3方向に目配りができる位置に設置。
❺ 既存の天井高、開口部を生かした明るい室内の有効利用。

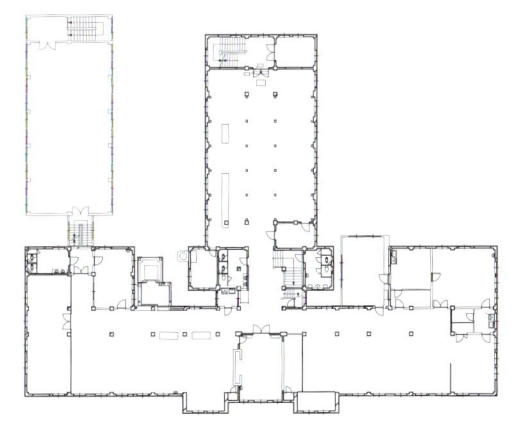

2階平面(before)　縮尺1:800

上2点：既存2階

内部の通路に耐震補強を施した南北断面パース。補強材の鉄板部に独自のデザインが施されている

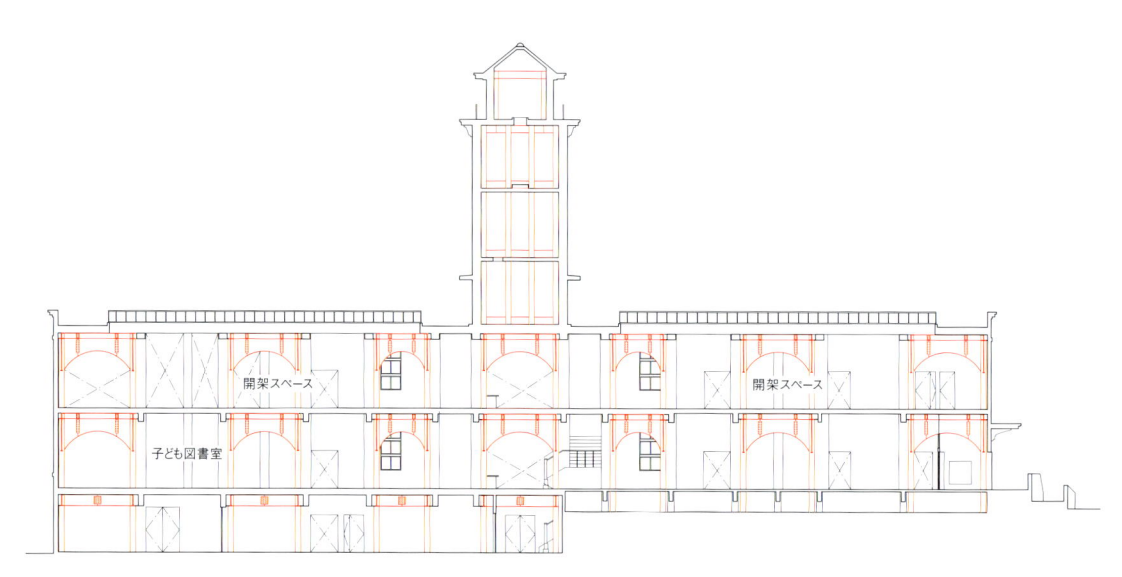

南北断面 (after)　縮尺 1:400

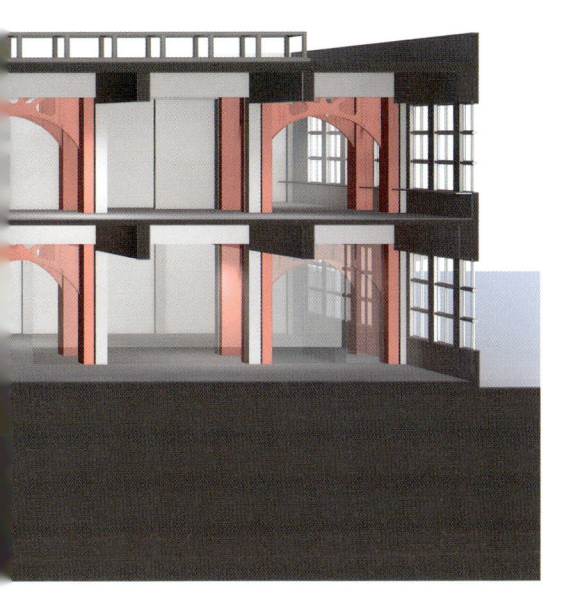

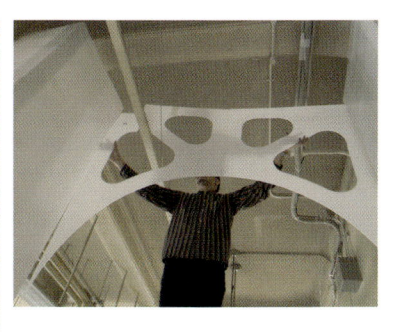

原寸の構造補強模型。
現場に設置して検討を行った

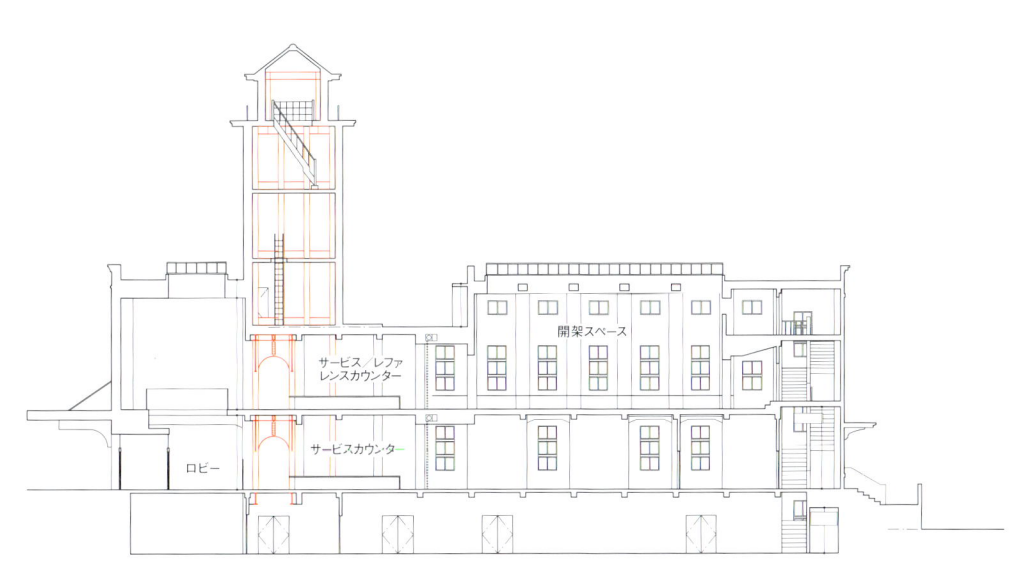

東西断面 *(after)*　縮尺1:400

ダイアグラム

0. 現状
既存建物は築79年、旧耐震基準建物。

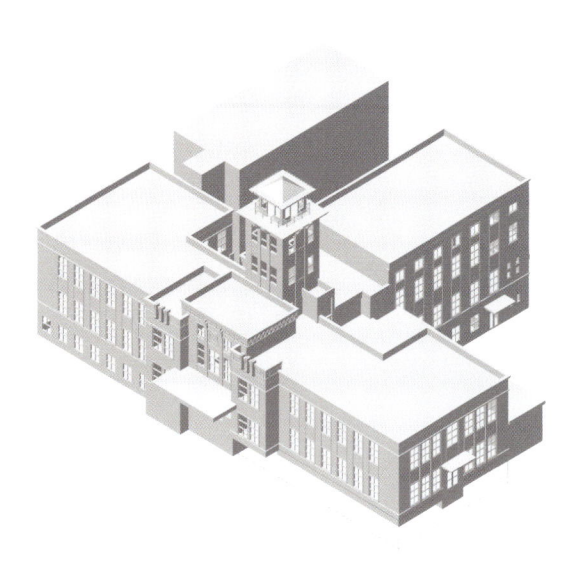

2. 解体による軽量化／躯体補修／中性化対策

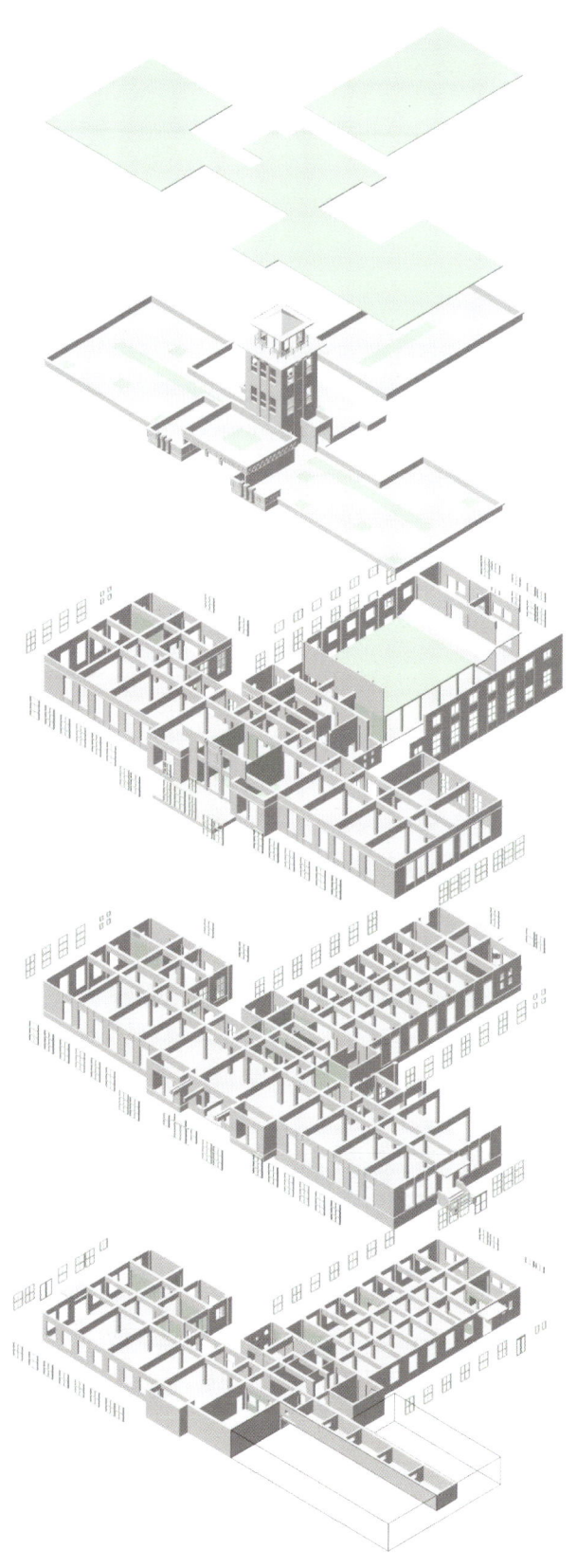

1. 減築による当初建物への復元
不要な増築部分を撤去し、建物の軽量化を図ることで耐震的に有利にする。

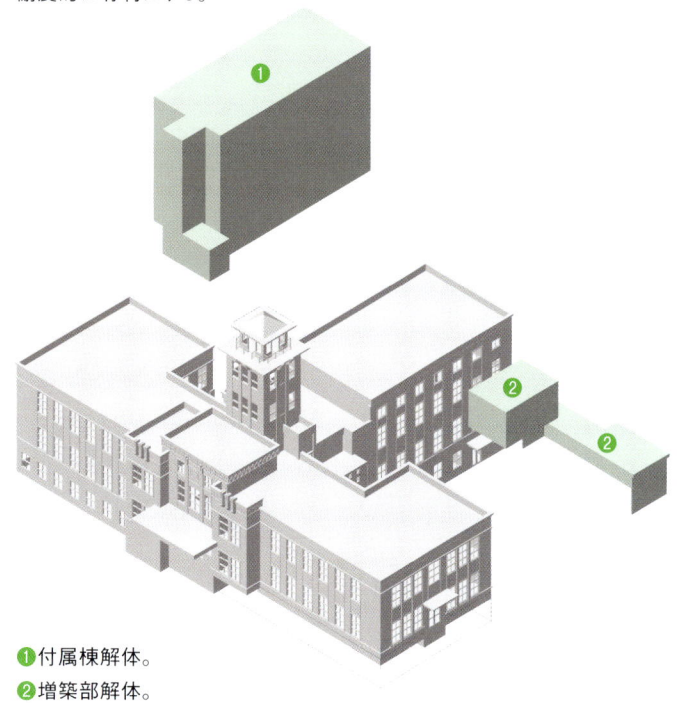

❶ 付属棟解体。
❷ 増築部解体。

3. 耐震補強

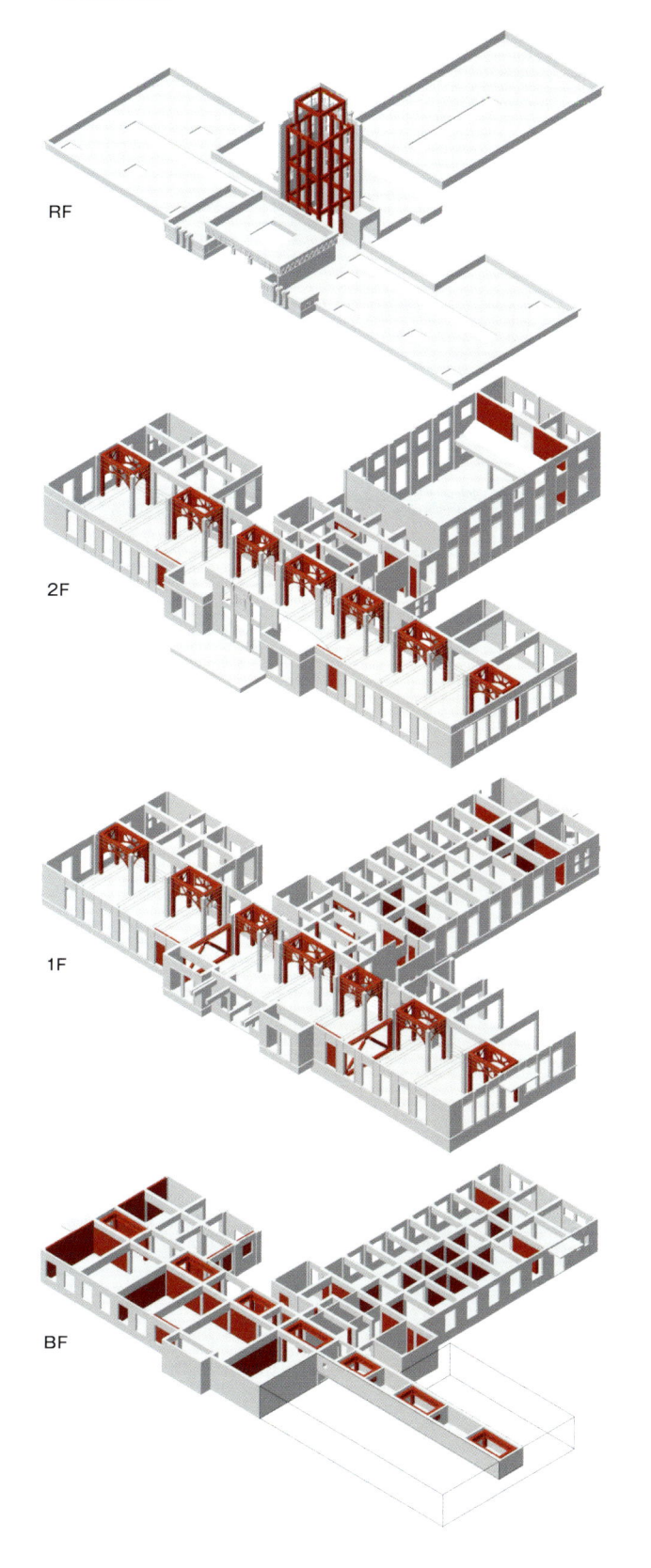

RF

2F

1F

BF

4. 室内環境の向上

トップライトを設置し、より明るい空間へ。開放感を演出。

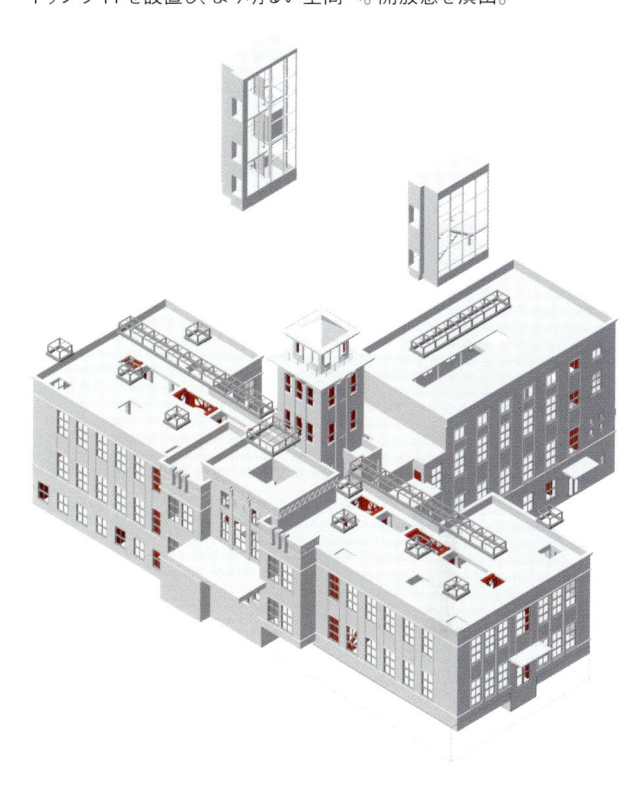

5. リファイニング完了

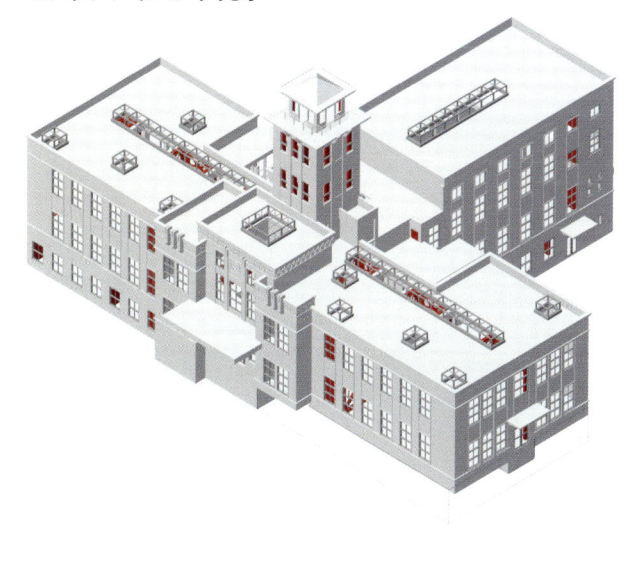

旧戸畑区役所庁舎・リファイニング［計画案］
最新の建築思潮の中にもリファイニングのヒントがある

　この建物の構造コンセプトは、伊東豊雄氏設計による「せんだいメディアテーク」を見学した時にひらめいたイメージがヒントとなっている。簡単にいえば、「せんだいメディアテーク」は、網状のチューブが構造体となってすべてを支えている。つまり、外壁は単なる皮膚として考えられていて、構造を負担していない。これをリファイニング建築に置き換えて、歴史的な建造物を再生する際に、外観にほとんど手を付けずに、どう補強するかを考えてみた。

　基礎から2階まで、既存柱に沿わせ鉄骨による補強を行うことにより解決を図ったが、この建物ができた昭和初期とヨーロッパで大流行したアールデコ、アールヌーヴォーの歴史的意匠を融合させることとした。

　この建物が建っている戸畑周辺は、現在の新日鉄、かつての八幡製鉄のお膝元である。つまり企業城下町であり、この建物はその誇りを伝えている。

　いつものことであるが、いろいろな耐震法を検討し、どのアイディアがそのプロジェクトにとってデザイン面からもコストの面からも、また工法を含めた施工方法においてもベストな案となり得るか、様々な考えをひねり出しながら選択する。幸い既存建物は階高が高く、豊かな空間となり得る素材であったため、内部は明るく、現代的な図書館としてリニューアルできるものと考えている。

　建造物の中に入ると、スチールによる補強とトップライトから落ちてくる光により、未来に向け、光輝く空間が永遠に続くような建築、そこに魂があるような建築にしたいと考えている。旧「戸畑区役所」という歴史的建造物の中に、まちの誇りといえるコンセプトを挿入し、長く市民の誇りとなるような建築を目指している。

　この補強も金箱温春氏との協同作業となり、大変面白い思考と議論が展開された。

補強イメージ

Refining of former Tobata Ward Office (Project)
Hints of refining in the latest architectural trends

The concept of this building structure is based on an image that I conceived when I saw Sendai Mediatheque designed by Toyo Ito. In simple terms, Sendai Mediatheque has a tube network that structurally supports everything. Namely the external walls are just the skin of the building and do not support the structure. I asked myself how I could use this for the refining architecture to renew and reinforce a historical building without changing the majority of the exterior. But, it was found impossible after the detailed research of soil, foundation, and compressive strength of existing skeleton. Then, we adopt steel reinforcement along the existing columns, the design of which reminiscence Art Deco or Art Nouveau, matching with the existing building design of the early Showa era.

Tobata area, where this building is located, is the home town of Nippon Steel, former Yawata Steel. In other words, it is a company town and the building represents the steel-making history of the area.

As usual I seriously examined various methods until executing the design, and determined which would be the best for the project in terms of the design, cost, and work method including the installation method.

I want to make a building where people could encounter a bright space when they enter the building. In the space people would see the steel reinforcement and light coming down from the top and would feel as if the brightness stretches off into the far distance and as if the space has a spirit inside. I am aiming to develop a building of which the citizens can be proud for a long time by representing the town's pride for its historical building of the former Tobata Ward Office.

The reinforcement design was made in collaboration with Prof. Yoshiharu Kanebako, with exciting exchange of thinking and discussion.

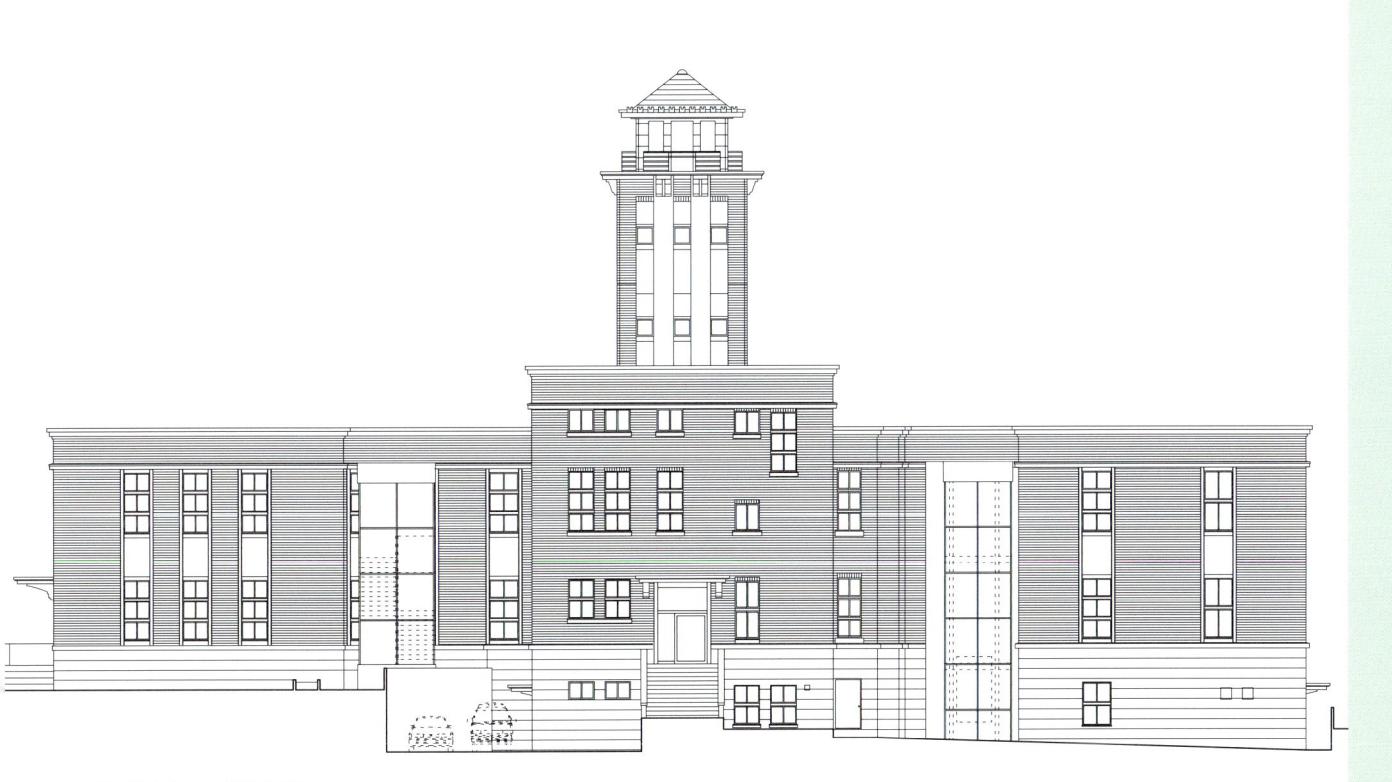

西立面 *(after)* 縮尺1:300

No.6 旧三宜楼リファイニング［計画案］
Refining of Sankiro (Project)

まちの歴史を物語る木造建築を受け継ぐ

築80年の木造3階建て。旧三宜楼周辺には同じような和風建築の料亭が集まっていたが、マンション等への建て替えが進んでいる

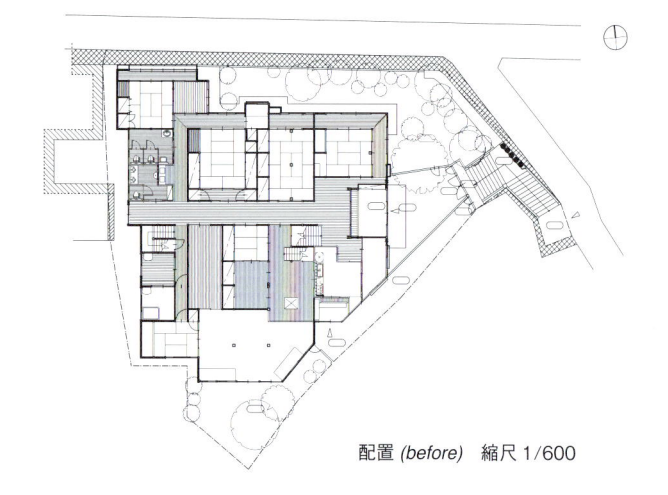

配置 (before)　縮尺 1/600

北立面 (after)　縮尺 1:200

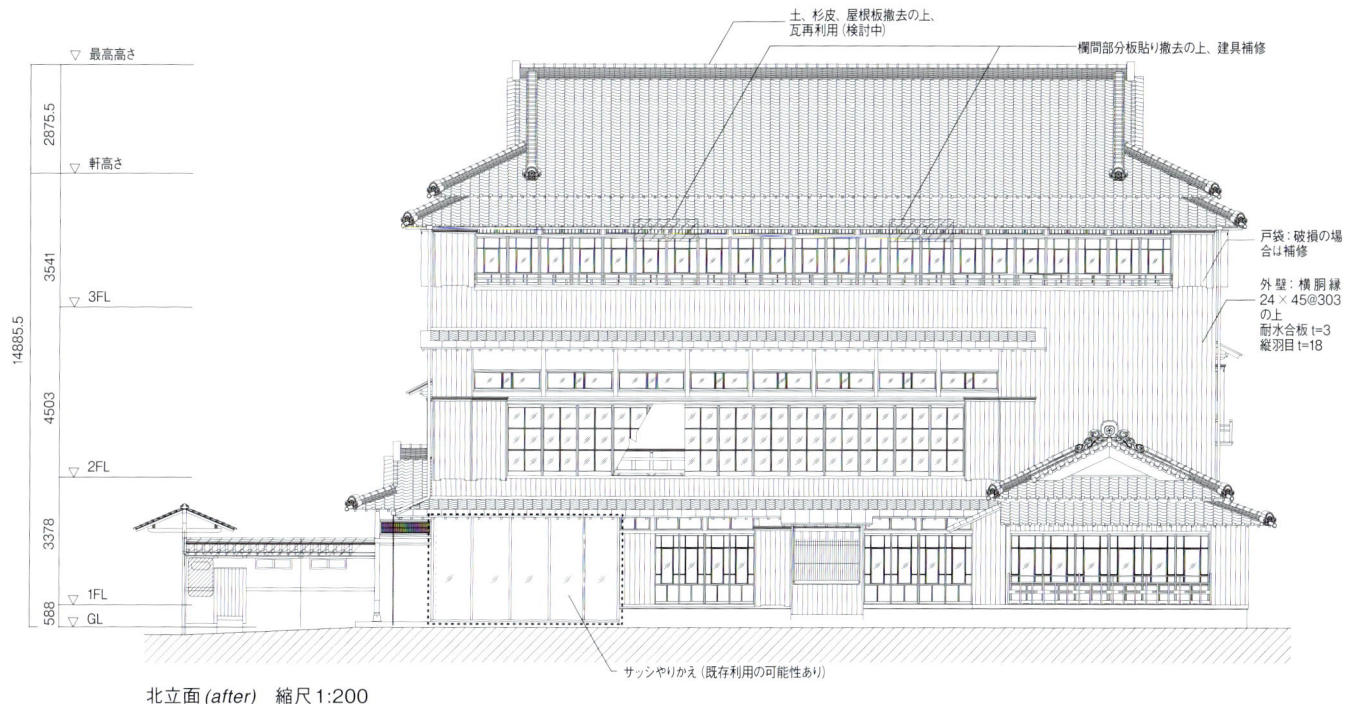

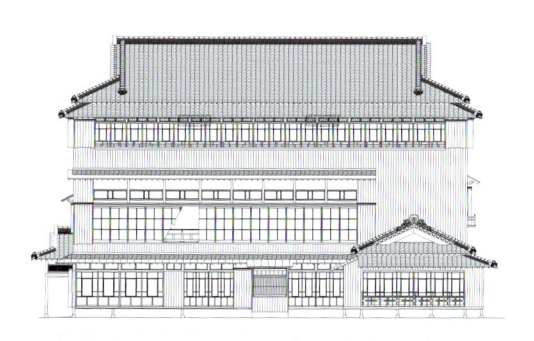

注記:
- 土、杉皮、屋根板撤去の上、瓦再利用（検討中）
- 欄間部分板り撤去の上、建具補修
- 戸袋：破損の場合は補修
- 外壁：横胴縁 24×45@303 の上 耐水合板 t=3 縦羽目 t=18
- サッシやりかえ（既存利用の可能性あり）

寸法（左側）:
- 最高高さ 2875.5
- 軒高さ 3541
- 3FL 4503
- 2FL 3378
- 1FL 588
- GL
- 総計 14885.5

北立面 (before)　縮尺 1:400

東立面 (before)

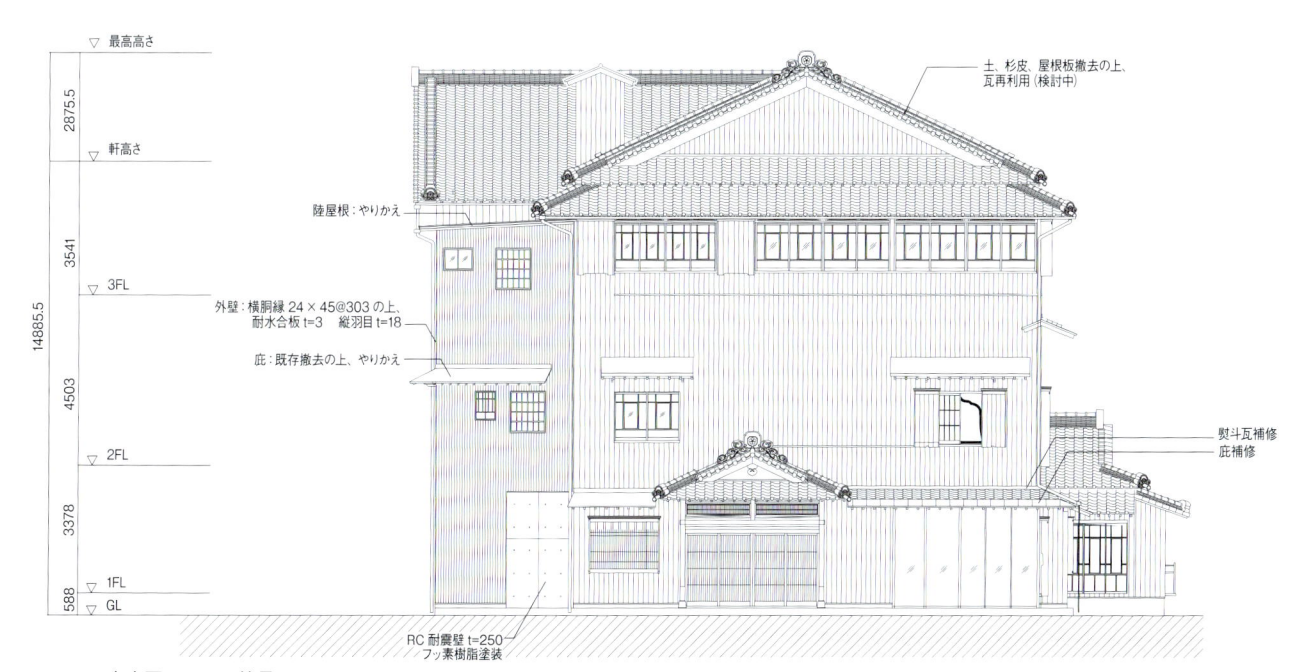

東立面 (after)　縮尺 1:200

注記:
- 土、杉皮、屋根板撤去の上、瓦再利用（検討中）
- 陸屋根：やりかえ
- 外壁：横胴縁 24×45@303 の上、耐水合板 t=3　縦羽目 t=18
- 庇：既存撤去の上、やりかえ
- 熨斗瓦補修
- 庇補修
- RC 耐震壁 t=250 フッ素樹脂塗装

117

南立面 (after)　縮尺 1:200

- 陸屋根：片流れの金属屋根にやり換え
- 外壁：横胴縁 24×45@303 の上、耐水合板 t=3　縦羽目 t=18
- 板庇：垂木 30×40 の上　合板 t=12　鉄板張り
- 外壁下地補修の上やりかえ
- RC 耐震壁 t=250　フッ素樹脂塗装
- 野縁 15×45 の上　フレキシブルボード t=5 の上　EP 塗装
- 建具補修
- RC 耐震壁 t=250　フッ素樹脂塗装

南立面 (before)　縮尺 1:400

西立面 (before)

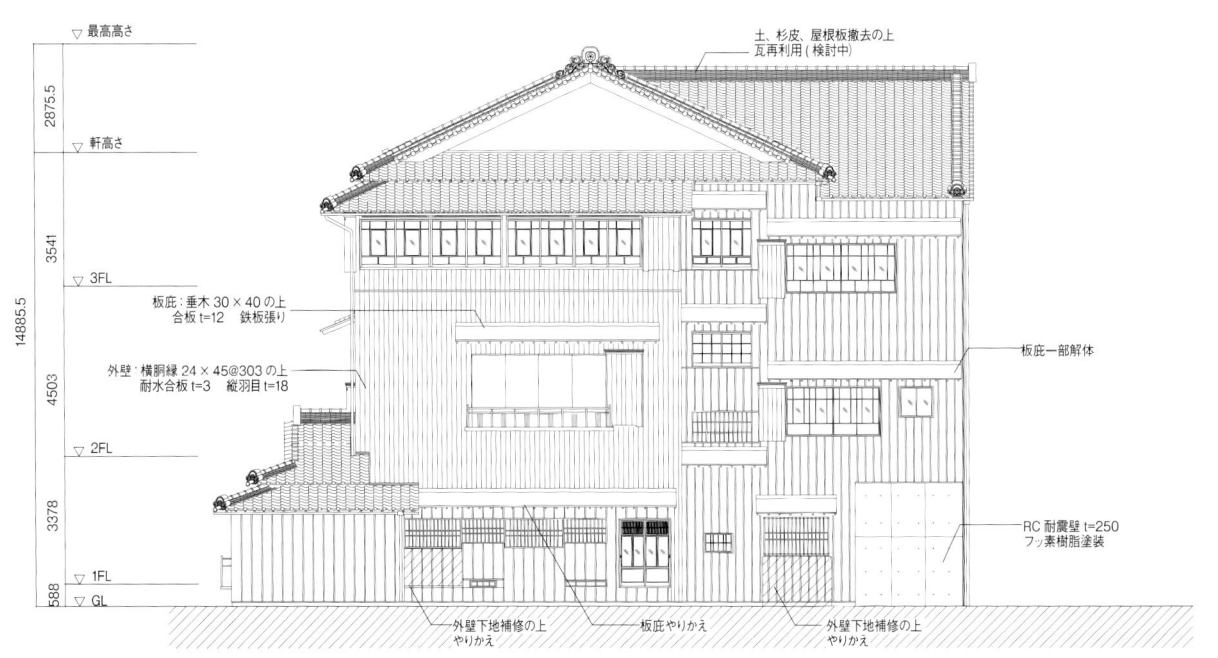

西立面 (after)　縮尺 1:200

- 土、杉皮、屋根板撤去の上　瓦再利用 (検討中)
- 板庇：垂木 30×40 の上　合板 t=12　鉄板張り
- 外壁：横胴縁 24×45@303 の上　耐水合板 t=3　縦羽目 t=18
- 板庇一部解体
- 外壁下地補修の上やりかえ
- 板庇やりかえ
- 外壁下地補修の上やりかえ
- RC 耐震壁 t=250　フッ素樹脂塗装

上：道路側北面と東面の外観イメージパース
左：北東側1階和室

1階

1階平面 (after)　縮尺 1:200

凡例　　：非公開エリア

主な室名: 広縁、和室、書斎、庭園、土間、玄関、玄関ホール、厨房、ロッカー室、事務所、備品庫、搬入スペース、情報スペース、NPO事務所

1階平面 (before)　縮尺 1:400

1階廊下 (before)

2階

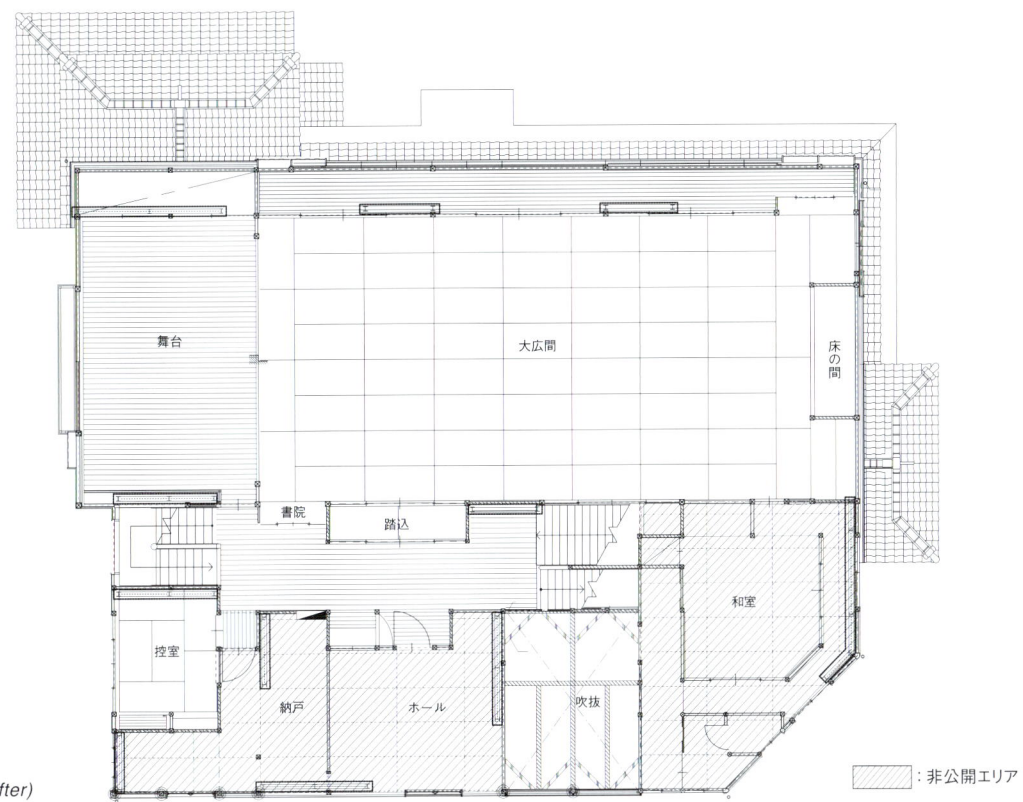

2階平面 *(after)*

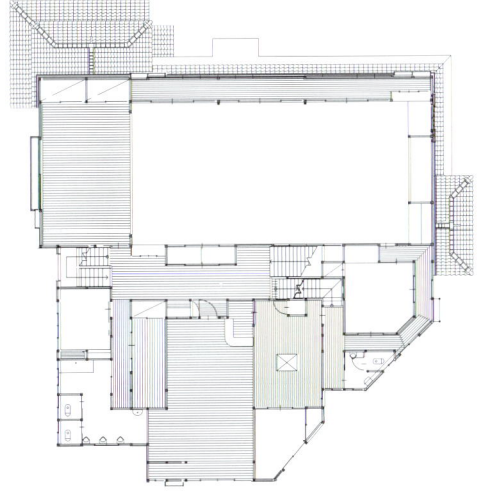

舞台 / 大広間 / 床の間 / 書院 / 踏込 / 控室 / 納戸 / ホール / 吹抜 / 和室

▨：非公開エリア

2階平面 *(before)*

上：能舞台を併設した2階大広間 *(before)*。「百畳間」と呼ばれた
下：3階廊下 *(before)*

3階

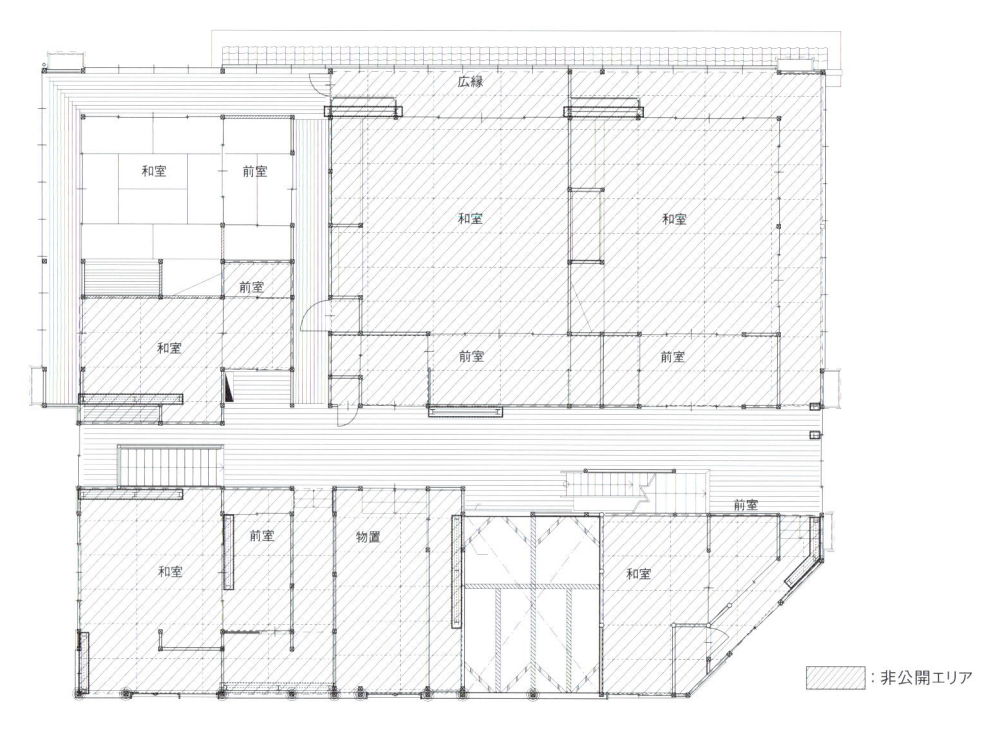

3階平面 (after)　縮尺1:200

▨：非公開エリア

リファイニングのポイント

■建物を保存するだけでなく、地域住民や観光客が気軽に利用できる場とすることで、空間を活用する。
■県内でも有数の大規模木造建築や当時の雰囲気に実際に触れ、木造建築の技を学ぶことができる空間にする。

3階和室 (before)

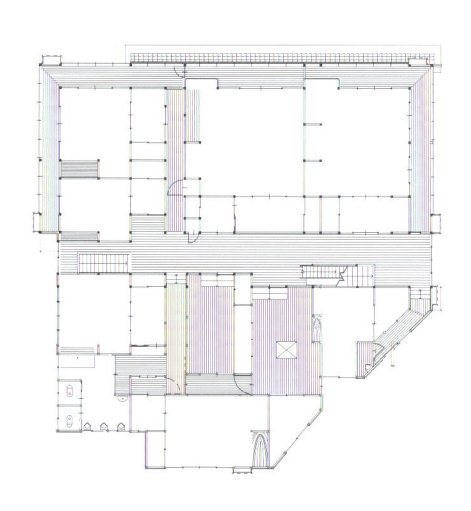

3階平面 (before)　縮尺1:400

断面

断面1 (after)　縮尺1:200

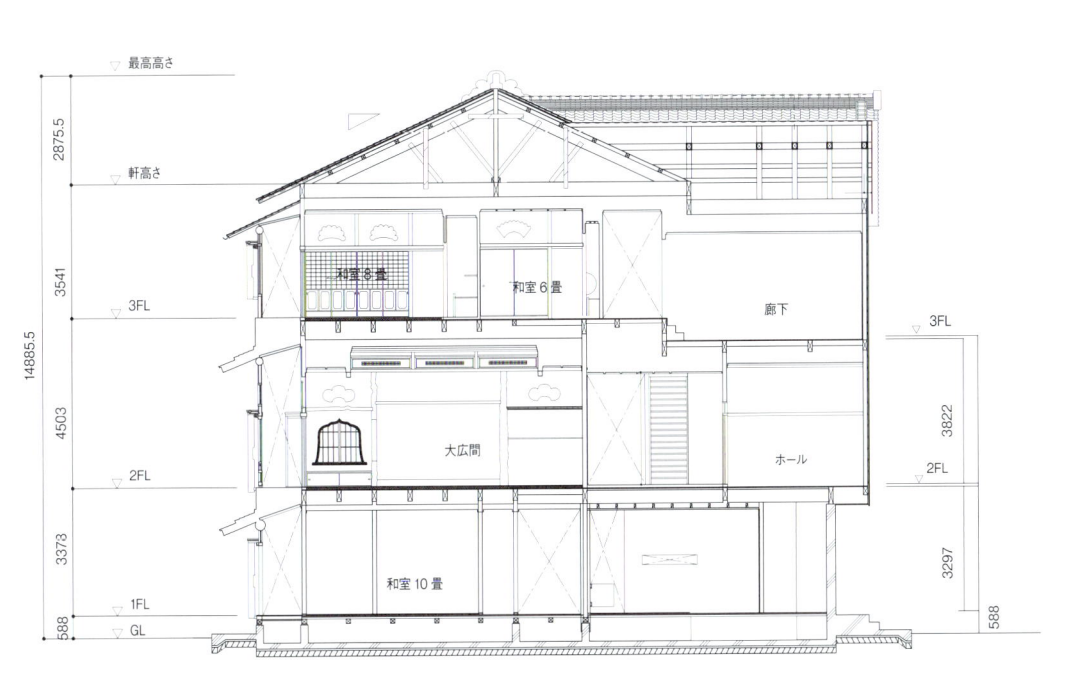

和室15畳
大広間
和室8畳
和室8畳
玄関ホール
NPO事務所

断面2 (after)　縮尺1:200

和室8畳
和室6畳
廊下
大広間
ホール
和室10畳

既存建物には料亭らしい様々な意匠が凝らされていた

124

左頁
上：北東側和室回りの装い
下：玄関からホールおよび左手に情報スペースを見る

右：1階玄関脇の情報スペース

ジャッキアップフロー図

1.
既存建物は石の上に構造体が載っているだけの玉石基礎。場所によっては柱の下部が腐ってなくなってしまったり、土台からはずれている箇所がある。

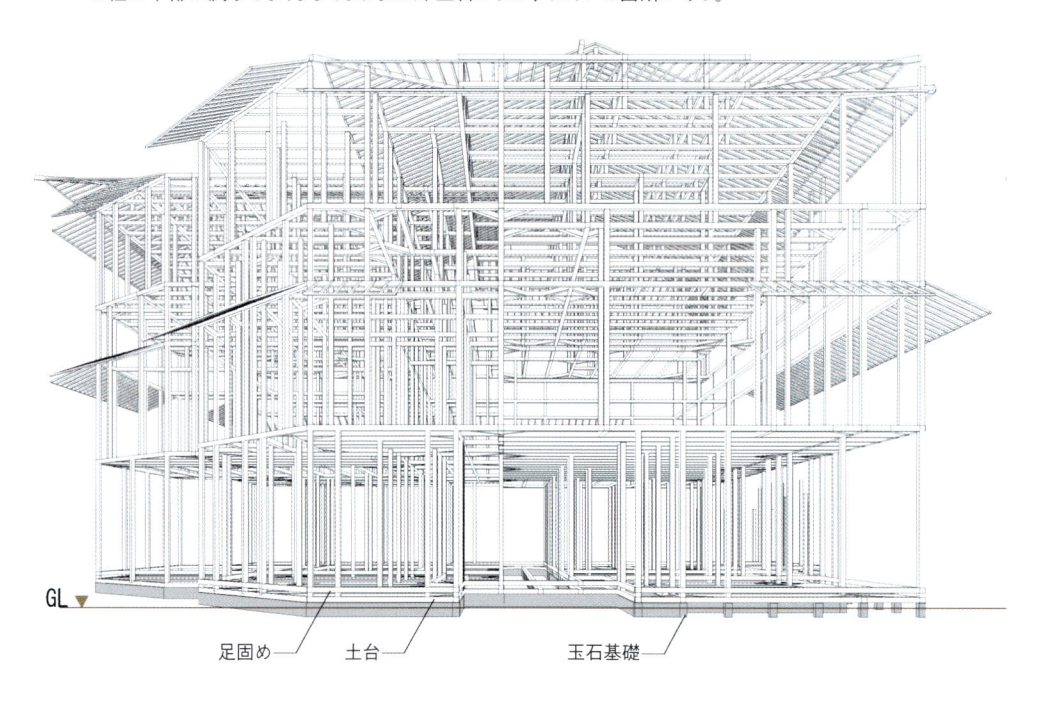

足固め ― 土台 ― 玉石基礎

2.
ジャッキアップのために、外装・内装の仕上げ、床の一部を解体し、軽量鉄骨によって木造フレームを固定する。

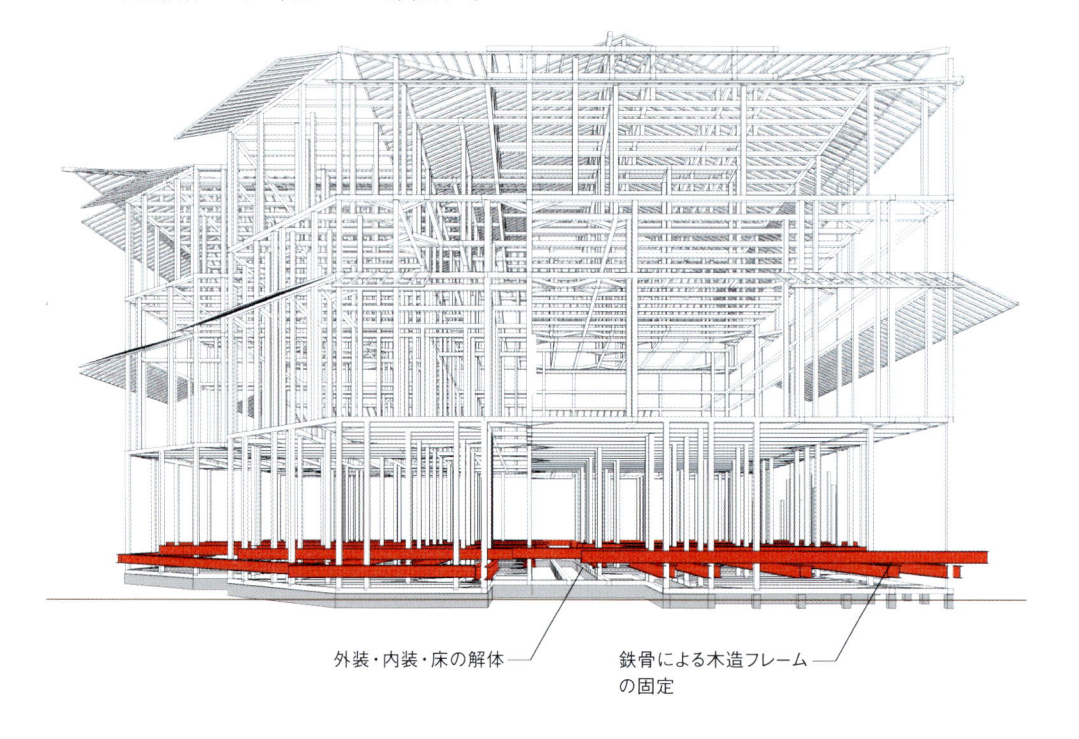

外装・内装・床の解体 ― 鉄骨による木造フレームの固定

> **リファイニングのポイント**
>
> ■調査の結果、既存建物は水平力に対抗する部材が少ないことがわかった。また、個々の構造部材が損傷し、部材の変形、部材の割れやめり込みによるゆがみが生じていた。
> ■そこで、既存建物をジャッキアップして軸組のゆがみを矯正し、新たに基礎と耐震壁を打設し、補強する。

3.

基礎・耐震壁を新設するために、ジャッキで建物を持ち上げる。1,000 mm程度持ち上げた後、仮受けするための土台を設置する。

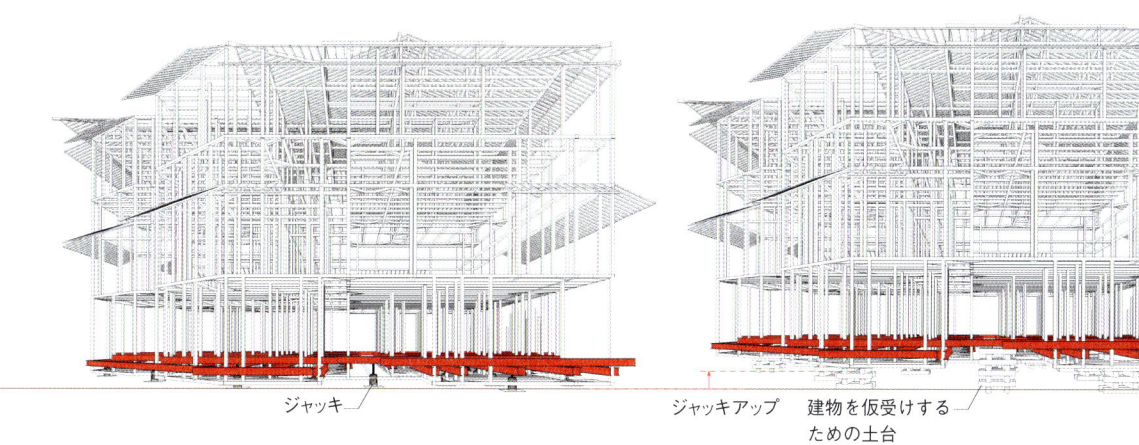

ジャッキによって建物を持ち上げる。一度に持ち上げるのではなく部分的に少しずつ持ち上げていく

基礎を新設するために、1,000mmほど建物を持ち上げる

4.

基礎・耐震壁を打設し、建物を下ろす。その後、既存木造部分とRC鉄骨部分を緊結する。

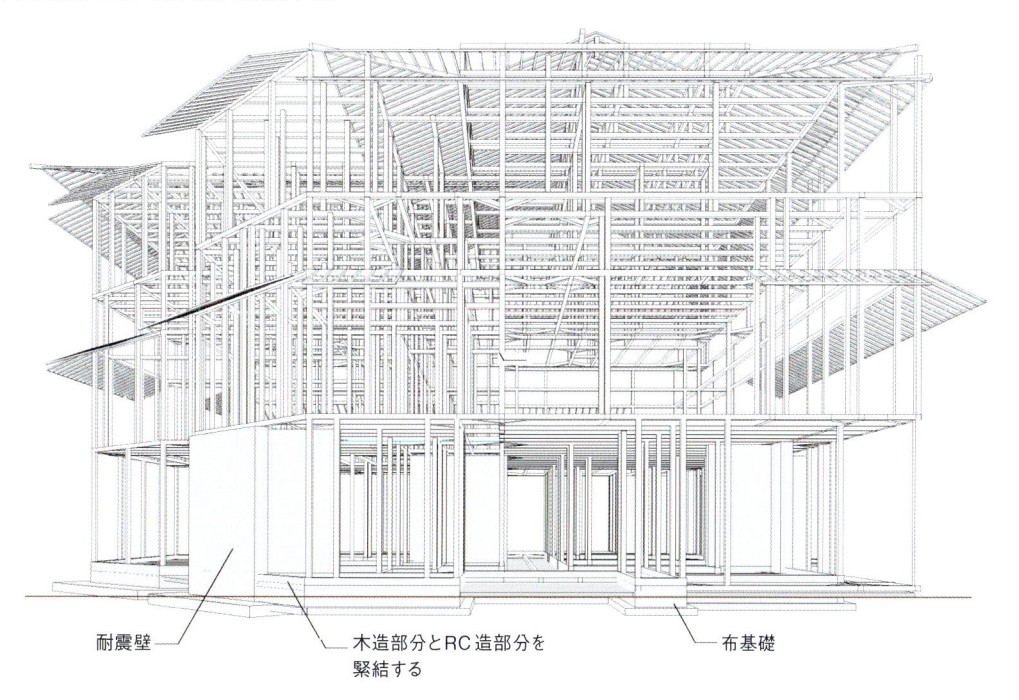

耐震壁　　木造部分とRC造部分を緊結する　　布基礎

旧三宜楼・リファイニング［計画案］
伝統技術と現代の技術を融合させる

　三宜楼は、門司区において高級料亭として使われていた。その建物が廃墟となり、見かねた市民たちが募金活動をして購入して市に寄贈する、というかたちで市所有のものとなった。市の文化財にという話もあったが、木造技術としては一般的な建物であり、また材料も当時一般的に使われていた木材で、市文化財とするにはいささか物足りないと判断された。しかし、この建物を残したいという市民の情熱を何とか形にしたい、ということで、耐震補強を含めた再生建築が検討され、私にリファイニングが委託された。

　私は、再生の方法を3通り考えてみた。1つは、既存の形態に沿った形態保存する案。2つめは、道路に面した一面をガラス張りとして、外部から内部の在り方が見えるようにすることにより、過去と現代とを結ぶような建築にする案。つまり、既存建物を構成している素材を時間軸の証言者としてとらえ、それを新しい表現にできないかと思った。3つめは、この建物をすっぽりとガラスの箱で覆う案で、そのガラスを構成するための鉄骨を耐震補強として使う。その場合、必然的に増築となるため、確認申請の必要に迫られるが、逆にそれによって、建物は新築とみなされ、様々な用途に自由に活用できる。また、当時の木造建築の技術が視覚化されることによって、建築の学習の一端を担うことができると考えている。

　以上の3通りの案のうち、どの案にするかは現時点では決定していないが、コストとのバランス、またこの建物が市民の思いによって守られてきた過程を考えれば、単に保存するだけではなく、未来に向けて新しい方向性を示すような建築にしたいと考えている。外部からも内部からも建築の様子がわかり、この建物の優れたエレメントをチョイスし、それを強調するような建築のあり方が面白いのではないかと思う。

　構造的には、1階部分の風雨による痛みがかなりひどく、一度、ジャッキアップをして、コンクリートによる耐力壁を部分的に挿入することにより、地震や台風等、短期荷重に耐えることができ、また木造の弱点である腐食に対処できるような構造としたいと考えている。

左：1階情報スペース
右：2階大広間

Refining of Sankiro (Project)

A fusion of traditional and modern technologies

Sankiro had been used as high-class Japanese restaurant in Moji Ward but it was abandoned. Then the citizens began a campaign to collect money, purchase the building, and donate it to the city. So it is owned by the city now. First it was going to be registered as a cultural asset of the city. But since it was built with ordinary wood technology and the materials used for the building were not special, it was judged that the building did not meet the criteria for registration. However, to respond to the desire of the citizens who wanted to preserve the building, a renewal plan, including antiseismic reinforcement, was examined. I was then asked to use my refining technology for the renewal.

I made three renewal plans. The first is to maintain the existing form. The second is to cover the wall facing the street with glass so that the inside of the building could be seen from outside. I thought that this would connect the present and the past. I considered the materials that formed the existing building as a witness of the past and wanted to give them new expression in the building. The third is to cover the entire building with a glass box and use the steel frame that forms the box as antiseismic reinforcement. For the third plan we have to extend the building area and need a building certification application, but the building would look as if it were newly built and be used for various purposes. Also, if the original wood architectural technology is visualized this way, the building could contribute to the study of architecture.

At present, we have not decided which plan to choose. But in consideration of the balance with cost and the process by which the citizens have tried to maintain the building, I do not want to just preserve it but make a new direction to the future with this building. So I think that it would be interesting if the building architecture could be viewed from inside and outside and if the distinguished parts of the building were chosen and emphasized.

The first floor is particularly degraded by wind and rain. It might need to be lifted up and a reinforced concrete wall inserted under the floor to underpin the building and enable it to withstand a short-term load by e.g. earthquake or typhoon and against corrosion, weak points in the wood.

No.7 分譲マンションリファイニングA [計画案]
Refining of condominium apartment buildings (Project A)

共用部からの補強で「居ながら施工」を目指す

■建物概要
建設年：1969年
建物経年：築43年（2012年現在）
構造：鉄筋コンクリート造
規模：地上7階建、屋上に塔屋あり
住戸数：43住戸

■書類／図面の有無
検査済証：あり（建物台帳）
確認済証：あり（建物台帳）

■法規上の制限
用途地域：第一種中高層住居専有地域
建蔽率：60%
容積率：300%
防火指定：準防火地域
高度地区：第2種高度地区
日影制限：3時間-2時間（4m）
斜線制限：道路斜線、斜線勾配1.25
　　　　　隣地斜線、斜線勾配1.25 立ち
　　　　　上げ高さ20m
駐車附置：不明
地区計画：なし
都市計画：市街化区域
都市計画整理事業：なし
計画道路：なし

築40年を超える鉄筋コンクリート造7階建ての分譲マンション。現行の耐震基準まで引き上げるための大規模耐震補強工事を行う予定だが、ゼネコンが行った耐震診断および修繕コストが適正かどうか、第三者の判断を聞きたいとの依頼があった。

問題点
①ゼネコンが行った耐震補強は一次診断による簡易耐震診断によるもので、現行法の耐震性能基準を満たしきれていないことが判明した。
➡ 必要な耐震補強を行うと専有部に補強が及ぶ可能性がある。
②過去の修繕履歴を検討すると、毎年何らかの修繕工事が行われていた。
➡ これまで必要以上の工事コストがかかっている可能性がある。

解決方法
①耐震診断二次診断を行うことにより正確な建物性能を把握し、補強を行い、現行法規に準じた耐震性能を確保する。
②耐震改修、設備、美観に関する工事を同時に行うことにより、新築と同等の性能を獲得する。
③今後必要と思われる改修工事を一括で行うことにより、工事コストを圧縮。今後のランニングコストを抑制する。

現状
問題点と解決方法を伝え、構造調査と既存耐震診断について住民の合意を得る。

今後の方針
①既存建物の耐震診断を実施。
⬇
②耐震補強改修工事について住民合意形成を得るための住民勉強会を開催。
⬇
③総会で耐震補強改修工事の住民合意形成。

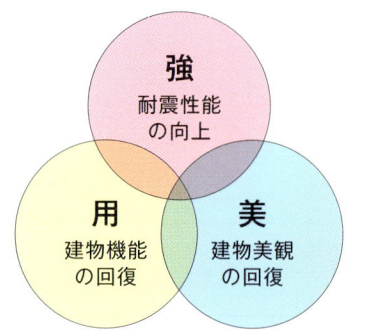

強　耐震性能の向上
用　建物機能の回復
美　建物美観の回復

リファイニング建築では耐震補強のみを行うのではなく、インフラの整備や美観の回復を行うことにより、資産価値を向上させる。

リファイニングのポイント

旧耐震基準の分譲マンションの再生を引っ越して施工するのではなく、共用部からの補強を前提とすることで、入居者に迷惑をかけない方法で補強を行い、新耐震基準に適合させる。

リファイニングならではの補強方針……共用部からの補強を目指す
①軽量化のため、不要な壁を撤去する。
②避難通路が狭くなるため、エレベータホール回りの補強は行わない。
③共用廊下側の壁、柱、梁の補強を行う。
④専用部内の補強は行わない。
⑤バルコニーよりの補強は行わない。

↓

利点
①専用部やメインの外観に補強を行わずにすむ。
②居ながら施工を実現できる可能性がある。
③住人が愛着を持っているメインファサードを変えずにすむ。

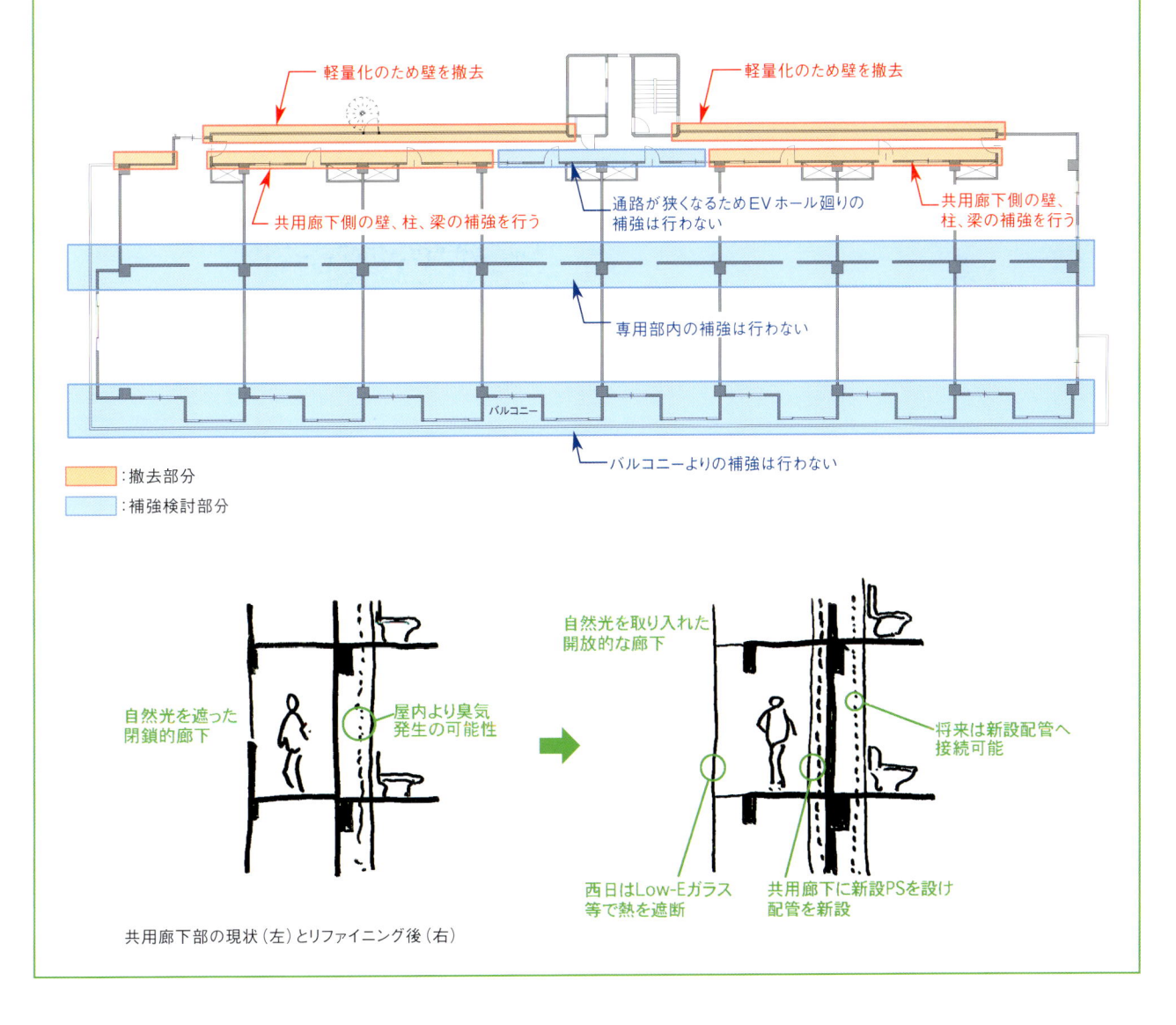

共用廊下部の現状（左）とリファイニング後（右）

No.7 分譲マンションリファイニングB [計画案]
Refining of condominium apartment buildings (Project B)

リファイニングで現状規模を確保する

築40年を超える旧耐震基準の分譲マンションの再生計画。鉄骨造と鉄筋コンクリート造4階建て。建物の施工経緯等、不透明な部分が多いため、再生が困難な物件のひとつである。

```
■建物概要
建設年：1969年
建物経年：築43年（2012年現在）
構造：鉄筋コンクリート造＋鉄骨造
規模：地上4階、地下1階（確認済証より）
住戸数：30住戸
■書類／図面の有無
検査済証：なし
確認済証：あり
■法規上の制限
用途地域：第一種低層住居専用地域
　　　　　（最高高さ限度10m）
建蔽率：60%
容積率：150%
防火指定：準防火地域
高度地区：第1種高度地区
日影制限：4-2.5（測定面高1.5m）
駐車附置：東京都駐車場条例に係る建築物
における駐車施設の附置義務
地区計画：なし
都市計画：なし
都市計画整理事業：なし
計画道路：なし
```

問題点

①建て替えができない。
▷建築基準法・条例の変更により、現状と同規模・階数の建て替えは不可能。
➡ 区分所有者全員は住めないことになる。
▷建て替えで建物が消失するため、土地の区分所有者の調整が必要となる。
➡ 権利関係が複雑であるため調整は困難。

②既存建物の条件が悪い。
▷検査済証がない。
▷既存建築物の図面がほとんどない。
▷既存建物の建設途中で工事が10年間中断しているが、その詳細が不明。
▷敷地条件が悪い。
・敷地は前面道路から崖地状になっている。
・前面道路に重機が進入できない可能性がある。
・建物のクリアランスが不十分なため、重機の進入が難しい。
・北側は区立公園に隣接し、公園への眺望は豊かだが、敷地から公園側はさらに崖地になっている。

③建物の前施工条件
▷現状の構造は残されている図面と大きく異なり、既存建築物の躯体状況の把握が困難である。

現状

再生が非常に困難な建築物であり、専用部の工事も行わないとリファイニングの実現は難しい。
➡ 専用部工事を行ってでも再生を行いたい。

前面道路とマンション、公園との関係

リファイニングのポイント

建物の老朽化により建替えを検討していたが、日影制限、駐車場附置義務等により、現行法規では住戸数が半分になるため、再生を選択せざるを得ない状況であった。
建物の前施工状況が著しく悪いこともあり、居ながら施工は難しいが、専用部にできるだけ影響を与えない補強計画を目指している。

2つの工事方針

①**専用部工事による補強の場合**
➡ 専用部からの長期間退去が必要になる。

②**外皮補強の場合**………既存建築物はほとんど解体せず、外部からの補強を行う方法。
➡ 専用部内部はほとんど工事がないため、荷物は保管可能。

外皮補強概念図

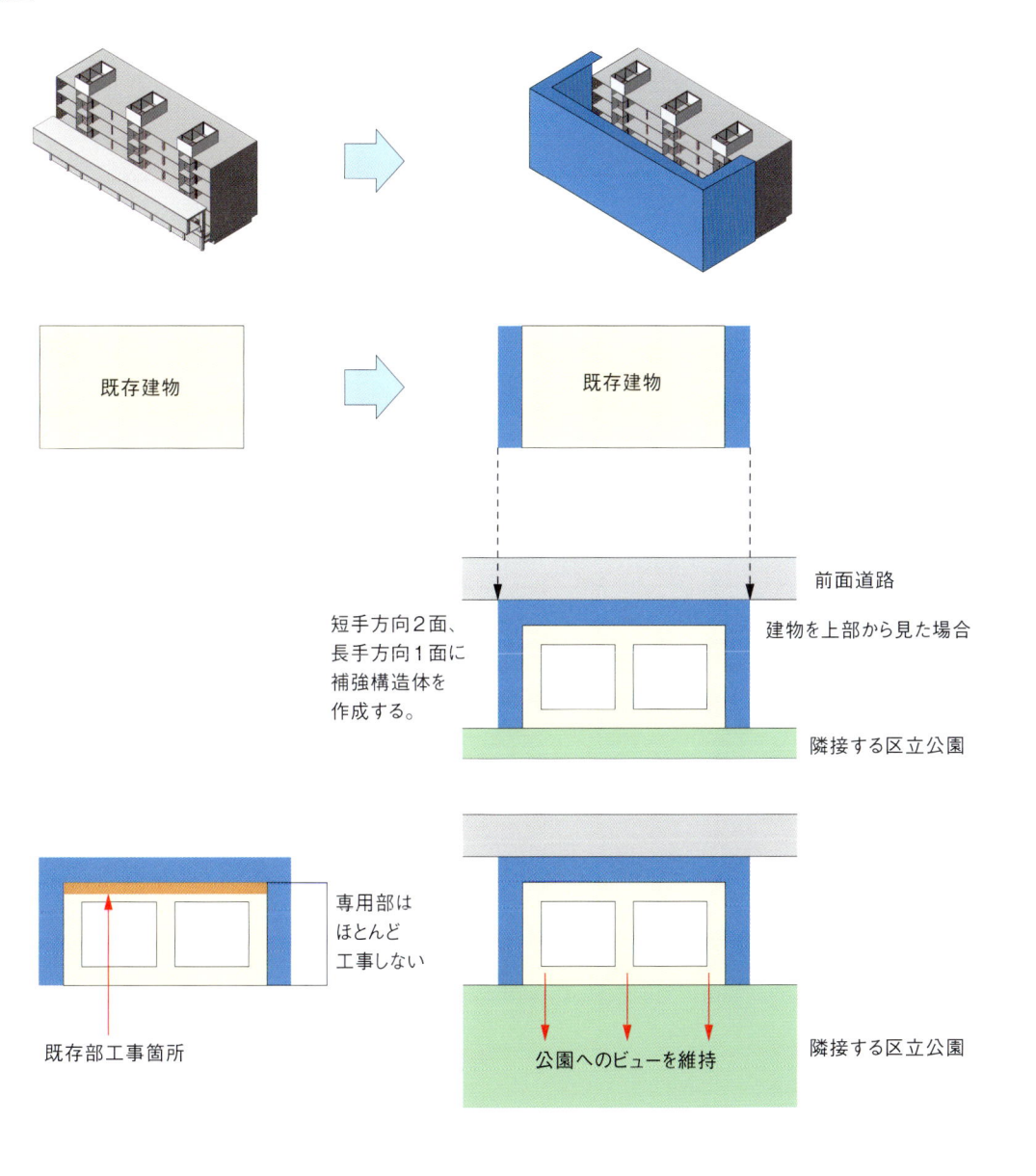

対談

建築は記憶の連続性の中で成立する

山岡淳一郎＋青木 茂

東日本大震災復興、まず必要なのは「鎮魂」

山岡　東日本大震災からそろそろ4カ月経ちますが、まだ爪痕が残っているところがたくさんあります。私が取材で入っている福島県南相馬市は、原発から20キロ、30キロで同心円状の境界が引かれていて、20キロ以内はみんな退去しています。30キロから40キロ圏内は避難地域ということで一応生活は成り立っているけれども、たとえば病院は入院患者を受け入れてはいけないとか、30キロ圏外の学校に集まって授業をしなさい、という状態です。東京から見ていると、原発以外の被害に遭っているところは早く復興をという話になるけれど、福島側から見ると復興に至るまでの道筋が大事で、まず鎮魂から始まって、生活を成り立たせる復旧があって、その先に復興という将来の形を決めていく仕組みがあるはずなのに、鎮魂とか復旧という部分を取っ払っていきなり復興の絵ばかり描こうとしている。現場を取材していると、そこに住んでいる人たちのストレスはものすごく大きいことがわかります。鎮魂とは、亡くなった方々の魂を鎮めると同時に、被災して生き残った人、特に身内をなくしている人たちの魂を鎮めることでもあるのです。それをきちんとやらない限りは、前へ、前へと言っても、なかなかそうはいきません。

　阪神・淡路大震災の際、下河辺淳さんが阪神・淡路大震災復興委員会の委員長で一所懸命復興の旗振りをしている時に、建築家の磯崎新さんが何かのシンポジウムで「まずは元にもどせ」という言い方をされて、そこに居並ぶほかの建築家と論争になった、と何かの雑誌で読んだ記憶があるのですが、磯崎さんの視点はある意味で自然なのではないか、と思います。火事場泥棒的に新しいものをどんどんつくることは、アプローチの仕方として、むしろ貧しいものをつくることになるのではないか。

青木　先日磯崎さんにお会いしたら、福島遷都論を言っていました。そうしないと、日本は世界から信用されなくなる、と。

山岡　この震災後、ぼくが連載している記事で最初に書いたのは、復興本部を仙台に置け、ということです。復興会議も東京でやる必要はない、できるだけ被災地に入れ、と書きました。磯崎さんがさすがだな、と思うのは、目線をどこに置くかで、たぶんデザインも、構造も含めていろいろなものが変わってくる。その感覚というのは面白いなと思います。

　今回、見ていて思うのは、現場の力、特に自治体の力によって今後の復興の道筋がものすごく変わってくるということです。たとえば、南相馬市は原発を抱えて大変なものだから、桜井勝延市長はYouTubeなどで「日本はわれわれを見捨てようとしている」と世界に向けてどんどん発信している。ああいうタイプの自治体の首長はこれまでいませんでした。だからアメリカのタイム誌が「世界で最も影響力のある100人」に選んだわけです。もう、県というのは彼らにとって相談相手でも何でもなくて、直接国とやっているわけです。そのために中央省庁からキャリアを引っ張ってきて常駐させている。その中の一人は副市長という肩書きで総務省から派遣されています。結局、県というのは国と自治体の単なる調整機関でしかなかった。地域で大きな権威を持っているようでいて、実際にこういう大災害が起きると、実は現場の自治体が国と直接やったほうが速いわけです。これも今回はっきり出てきています。

青木　一気に道州制が進みますか？

山岡　私は今の段階では道州制に必ずしも賛成というわけではないのですが、現実問題としてはそのほうが危急存亡のときには責任の所在が明確になるし、対応の仕

3.11被災地

方もあるだろうと思っています。特に原発は、今までの法制度の枠組みを原発が立地する市町村と中央だけで全部決めていたわけです。今回も事故が起きてから、最初に連絡が行くのは東電、それから官邸に行って、そこでなんやかんやあって、それから双葉町とか大熊町へ行く。南相馬市などへはどこからも連絡が行かないわけです。こんな馬鹿なことがあるか、ということで、南相馬市は今後この仕組みを変えてくれという話をしているのですが、いずれにしても、今までのようなピラミッド型で、中央が地方を適当にコントロールし、中央の使い走りとしての県があるという仕組みは非常に脆いな、と感じています。

「全体を見る」ことの大切さ

青木 実は最近、ある自治体の首長公邸の設計を頼まれたのですが、新築かと思ったら、一部屋だけ改造するというのです。しかし、一部屋だけの耐震補強というのは、現在、法律で決められている耐震補強では規定外で行うことになります。知事公舎という公の建物をいくらなんでも担当者の勝手な判断でこれで良しと言うのは少しおかしいのではないかと考えました。今回は予算がないからこれでやる、ということらしいのですが、いろいろと話を進めていると、担当者は知事もそれで承諾していると言うわけですが、私は、首長に現行建築基準法とそれを行わない場合のリスクを説明していないのではないかと思うのです。技術屋としては、住む人に納得してもらわないと、仕事ができないのではないかと考えております。たとえば、大地震が来て公邸が壊れて、首長に何かあったらどうなるかという、そういうリスクを考えない脳天気さにはビックリしました。

今回のことでもそうですが、「いつ」「どこで」「誰が」決めたか、それが見えないのが、今の日本の社会だと思います。

山岡 今回の震災でわれわれが突きつけられているのは、本当に大切なものは何か、ということだと思います。本質論から入っていかないと、物事は上手く組み立てて行くことができないのです。日本の原子力発電所は、60年代に土地が買収されて、70年代くらいから建ち始めたのですが、その頃、ドイツも同じように原発をやらなけ

山岡淳一郎（やまおか・じゅんいちろう）
1959年愛媛県松山市生まれ。
ノンフィクション作家。「人と時代」「21世紀の公と私」をテーマとして、建築、医療、近現代史、政治など分野を超えて旺盛に執筆活動を展開。著書は『後藤新平 日本の羅針盤となった男』『田中角栄 封じられた資源戦略』（ともに草思社）、『原発と権力』（ちくま新書）、『国民皆保険が危ない』（平凡社新書）、『狙われるマンション』『放射能を背負って 南相馬市長桜井勝延と市民の選択』（ともに朝日新聞出版）ほか多数。

ればならないということで、やり始めました。日本の場合は、短期契約方式で、ゼネラル・エレクトリック（GE）とかウエスティングハウス・エレクトリックといったアメリカの原子力メーカーがほぼ固定価格で、つまり包括的な値段を出して全部やってやる、と。つまり原子炉という製品を買って、買った後に取り扱い説明書通りに運転すればいいよ、というやり方です。日本は、本質的な技術の部分を自分たちでつくっていないのです。だから今回、東京電力は慌てふためいていろいろやるのだけれど、フランスのアレヴァとか、GEの力を借りなければいけない。一方、ドイツはどうしたかというと、イギリスから技術を一応買うわけですが、つくるのは自分たちでやるんです。そうすると、自分たちでつくっているから技術的なノウハウも蓄えられていくし、どうコントロールするかということもわかっている。だから、今回のように「原発から撤退する」という判断もできるわけです。

　とりあえずどこからか持ってきて、後で考えれば何とかなる、というのが日本です。今の公邸の話も、下から組み立てていくドイツ方式で考えれば、まずは全体としてどうなのか、という発想に至ると思うのです。

青木　今、あらゆる問題がそうなっていて、結局、一貫して考える人が少ないのです。炉は炉のメーカー、建て屋は建築、土木構造は土木屋さんで、全体をわかる人が誰もいない。建築もまったく同じ状況で、意匠屋さんが構造屋さんにこういうふうにやってくれと投げた瞬間に、そこに隙間が空くんです。それを埋める作業をやってこなかった。姉歯事件を教訓にして変化があったかというと、相変わらず以前と同じ状況にあります。だから、予算はこれだけ、それでできる範囲は何か、できることだけやればいい、ということになる。

山岡　一般に科学技術は高度化すると細分化され、専門化していきます。それは科学技術の宿命でもありますが、だとしたら、トータルに見るための視点をどうやって確保するかが重要です。建築にはそれはないのでしょうか？

青木　建築というのはそれほど複雑ではありませんから、私のようにいろいろ経験すると全体がわかるのです。ですから、みんな、それをやったらいいのに、そうはならない。合理的にやることによって会社の利潤が上がるわけですから、細分化せざるを得ないし、完成して引き渡したらそれで終わりです。

山岡　しかし、今後は環境ということが建築の中で大きなテーマになっていくと思いますから、設備とか、これまで建築の傍流に置かれていた部分が重要になる。そうすると、今まで以上にコストの問題も含めて、エネルギー消費の問題も含めてどう見るか、という全体をコーディネートする視点がますます大事になっていきます。

　医療の世界でも、医療技術が発達してありとあらゆる臓器別の専門医が出てきました。それはそれで意味のあることだと思うのですが、今一番言われているのは、最初に患者を見て、あなたの症状はこうだからこの専門医にかかりなさいという交通整理をしてくれる、一般医とか家庭医と言われる人の力が大事だということです。総合医という言い方をしてもいいと思うのですが、彼らが仕分けができる立場にいることによってシステムが動く。こういう流れが建築の世界でもそろそろ必要なのではないでしょうか。

青木　ところが実際はますます細分化しています。実は、建築学会賞に技術賞という部門があるのですが、それに「FTK BLD.」を出したのです。これは阪神・淡路大震災を経験した建物のリファイニングで、様々なことをトータルに考えなければ成立しないリファイニングでした。私はそれが技術だと思うのです。ところが、賞の

青木茂

審査では、やっていることはわかるけれど、これが技術賞に値するかどうか、と言われた。彼らにとっては、そこにどんな先端技術が使われているか、つまり技術とは部分的な先進的なものでしかない、と考えたのではないか。私は、今ある技術を組み合わせることも新しい技術ではないかと考えたわけです。それを理解して頂くことは非常に難しいのではないかと考えています。

山岡 たとえば、環境性能を上げるような技術を開発したというようなものが評価されるということですか？

そういう一点豪華主義は、もうもたないのではないでしょうか？

マンションの建て替え問題、
経済的推進力はもはや期待できない

青木 既存建物をなぜ建て替えるかというときも、全部それなんです。設備が古くなったから建て替える。美観的に悪くなったから建て替える。耐震的に不安があるから建て替える。そこには総合医としての判断ができていない。トータルで見てどうするか、というジャッジがない。

山岡 青木さんがリファイニングを考える場合は、やはり構造から入るのですか？

青木 建物が壊される理由は大きく３つあると思うんです。一番は設備の問題。設備が機能不全になり、たとえば水道から赤さびが出るとか、IT環境に対応できないとかということですね。もうひとつは構造的なもので、今の耐震基準に適応しない。もう一点は美的なものです。これをトータルで考えないといけないと思うのですが、ひとつが悪いと全部だめだということになる。

山岡 風邪を引いただけなのに、手術をするということになるわけですね。

今までのマンションの建て替え問題を見ていると、建て替えて儲けようという、経済的な意図が相当大きかったと思います。私が取材で出会ったマンションを振り返ってみても、たとえば大阪の千里桃山台第二団地では、コスモスイニシアというデベロッパーが建て替えの旗を振って引っ張ってきたのですが、いよいよ建て替える段階になって、リーマンショックでコスモスイニシアは瀕死の状態になった。要するにデベロッパーが建て替えて儲けようということで、５分の４の住民の賛成を得たと強引に推し進めようとしていたのですが、経済環境が変わり、デベロッパー自体が倒れるかもしれないというめちゃくちゃなリスクがはっきりした。それに対して今の法制度で所有権がきちっと守られているかというと、そこはまったくの空白です。結局桃山台は、大和ハウスなど３社がジョイントを組んで建て替えることになったのですが、いずれにしても古くなったから建て替えるというときに、新しい床をつくって、それを売れば再建費が出ますよという理屈で押してきた建て替え促進圧力はもうほとんど成り立たない。地価がここまで下がってくると、建て替えて床を増やしてもそうそう売れないと同時に、少子高齢化の問題があって、新しくつくっても誰が買うのか。こういう切実な経済的な状況があって、これからはますます再生建築に行かざるを得ないのではないかという気がしています。

建築は記憶の連続性の中で
成り立っている

青木 私は３つの条件がクリアできればリファイニングしてもいいと思っています。まずは、事業として成り立つかどうか。公共建築であれば、リファイニングすることによって公共のために投資効果があるかどうか。２

3.11被災地

つ目は、その建物が耐震補強に耐えられるかどうか、リファイニングして何年もつか。そして3つ目は、今回の震災でもはっきりわかったのですが、「記憶」みたいなもの。津波で壊滅的な被害を受けた陸前高田に行ってぞっとしたのは、人の根底にある故郷感みたいなものが一挙になくなっていた。あれを見たときに、記憶というか、歴史的なものを大事にしなければいけないと心底思いました。

山岡 建築というのは時代の連続性の中で成り立っているものなのですね。建築は竣工して完成ではない。そこに人が入って、使うところから建築はようやく始まる。それがどう受け継がれていくかということが、今おっしゃったような、その地域の記憶というものに絡んでいくのだと思います。

青木 記憶を失うということは、たとえば目が覚めたら砂漠の真ん中にいたというのと同じです。どうやっていいか、わからない。手がかりすらない。

山岡 住民にとっては意識の置き所がない。

青木 女川とか気仙沼は、私が生まれた大分県蒲江に似ていて、私の田舎が津波に遭ったら、こうなるのだろうな、という思いがあって、何か対策が可能ではないかとイメージがわくのです。丘の上に集団で住宅をつくるとか、働く場を下につくって4階建てくらいの避難小屋をつくるとか。ところが陸前高田ではそれすら思わなかった。たぶん、ブラジリアとか、日本でいうとつくばのような新しい都市に共通する、居心地の悪さがある。何か、ルーツがないというか…。

山岡 建築とは有機体だと思うのです。材料としてはコンクリートとかガラスとか無機質なものでつくっているかもしれないけれど、建築は循環している有機体とか生命体みたいなものであって、それは「どこから来てどこへいくのだろうか」という大きな問いかけを内包している。タヒチで亡くなったゴーギャンの絵に「われわれはどこから来たのか　われわれは何者か　われわれはどこへ行くのか」というタイトルがありますが、建築はそういうものを内在しているから、人が安らぐことができたり、ほっとするのだと思うのです。まったく記憶のないところに何かをつくろうとすると、その「どこから来たのか」という部分がまったく見えない。

4月初めに最初に南相馬に入った時、海から土砂が流れ込んだり、家が流されで材木が折り重なっている中に、生活の痕跡の断片がありました。それを見たときに、言葉を使う人間としてこれを瓦礫といってはまずい、と思いました。ある神社に行ったら、本殿はぐしゃぐしゃだけれど、石碑だけは残っていて、そこに白いスニーカーとゴルフボールが置いてあって、これを使っていた人の家族に何とか届けたい、という思いが伝わってきました。鎮魂ということを思ったのも、そこからなのですが、自分なりに鎮魂という問題を抱え込みながら取材を続けていくと、これを瓦礫と呼ぶのはやめよう、と思いました。それをなんと呼べばいいのか、まだ答えは見つかっていないのですが、少なくとも自分の原稿の中では「瓦礫」という言葉は禁句にしています。津波被害に遭って、命からがらやっと逃げ延びて避難所に入って、明日から亡くなった親や子供を捜そうという段階で、今度は原発で逃げろ、ということになった。彼らにとっては後ろ髪を引かれるどころではないわけです。そういう人間の情念みたいなものを、われわれはどうやって受け止めればいいのか。もし復興というのであれば、それをどうやってきちっと回復させていくのか。

もうひとつ感じているのは、日本の場合、自然災害はある意味で宿命です。そうすると、今までのように、堤防をつくったから安全、という発想ではなくて、ある程度、来るものはしょうがない。その代わり、災害が来た

後、どうやって回復させるか。「回復力」みたいなもの、それがまちづくりとか、コミュニティづくりにとって大きいという感じがします。

それぞれの事情を抱える集合住宅、リファイニングの可能性が見えてきた

青木 建築の話でいうと、姉歯事件が起きて、その後建築界はお上の指示に従っただけです。今になって、その法規制がきつすぎるから緩めろ、と言っているわけですが、これは私から見るとおかしな話で、だったらあのときもっと建築界で議論をして、解決案を提出すべきだったと思うのです。それができなかったというのが、今の建築界の実情です。

市場が完全に縮小する中で、設計の手間を簡素化しろというのは、マイナス指向です。私はむしろ、今の法律をもっと厳しくして、ちゃんと安全なものをつくる努力をして、設計料をきちんともらったほうがいいと考えています。私はリファイニング建築でそれをやってきたのです。それを頑固にやっていくことが信頼につながる。

山岡 青木さんのリファイニング建築を拝見していて思うのは、ひとつひとつの案件のデータをものすごく蓄えていますね。これは一番の強みだという感じがします。技術的な問題に対して高いハードルを課されても、そういう蓄積があるから越えられる、という自信があるのだと思います。

青木 今、分譲マンションのリファイニングを頼まれて調査に着手したのですが、ひとつは耐震補強をパブリックスペース内でどうやるか。もうひとつは相当やっかいな建物で、スクラップアンドビルドすると、今の半分しか建たない。私に頼まないと、どうしようもないということで依頼がきました。

最初のほうのマンションは、住戸数43戸、築年数40年ほどですが、リファイニングを選んだのは、住人がその建物に愛着があるのです。外観は変えたくないが、設備が劣化しているし、耐震に不安がある。防水のやり換えと外部の塗装を頼んだら、1億円かかるといわれたそうです。それはあんまりだというので、さきほどの山岡さんのお話にあった総合医みたいな建築家はいないかということで、相談にこられたのです。管理組合と何回もディスカッションし、住民公開の決議で調査に入ることになりました。リファイニングのポイントは、パブリックスペースだけで耐震ができないかということで、それが可能になれば住戸内の工事が最小限ですみます。

山岡 今まで青木さんがやってきたような、間取りを大きく変えたり、ガルバリウムで外観を変えたりというドラスティックなやり方とは違いますね。それは面白いですね。たぶん、1億円かかるというのは大規模修繕だと思うんです。今までの分譲マンションは選択肢がふたつしかありませんでした。ひとつは延々と大規模修繕とか部分修繕を徹底的にやり続ける。あるいは、建て替えて住戸数を増やす。もし、今回のリファイニングがうまく行けば、それにもうひとつ別の道ができるかもしれないという気がします。

結局、分譲マンションは、管理組合を中心としたマンション内のコミュニティの色合いによってあり方がまったく違ってくる。今の例は規模があまり大きくなく、お互いの顔が見える関係性がつくれていたから、こういう選択ができたと思うのです。これが大きくなると、なかなか合意形成が難しいですね。

青木 今、団地のリファイニング計画もあって、調査をしているところですが、これで集合住宅のリファイニングについてはだいたい対応できると思います。

（対談収録　2011年7月）

建築データ

満珠荘
所在地:山口県下関市みもすそ川町
主要用途:旅館
建主:下関市
建設年:1973年
築年数:37年
■書類／図面の有無(既存)
確認済証:あり
検査済証:あり
既存図面:あり
構造計算書:あり(ただし復元したもの)
備考:既存構造図復元および現況耐震診断について広島建築士事務所協会で評定取得済みであった。
■設計
建築・監理:青木茂建築工房
構造:金箱構造設計事務所
設備:EE設計
電気:EE設計
■施工
建築:長野工務店・永山建設満珠荘大規模改修建築主体工事共同企業体
空調:空調サービス
衛生:新ホーム・日環特殊JV
電気:山陽電工
■規模
敷地面積:2,407.22㎡
建築面積:671.46㎡
延床面積:1,831.94㎡
　地下1階:558.00㎡
　1階:615.43㎡
　2階:636.03㎡
　塔屋階:22.48㎡
建蔽率:27.89%
容積率:76.10%
階数:地下1階、地上2階、塔屋1階
■寸法
最高高:14.07mm
軒高:10.04m
階高:地下1階 3,800mm
天井高:地下1階 2,600mm
主なスパン:6,500mm×8,190mm
■敷地条件
道路幅員:6.314m
駐車台数:1台
■法規上の制限
用途地域:指定なし
法定建蔽率:70%
法定容積率:200%
防火指定:法22条区域
高度地区:指定なし
日影制限:指定なし
駐車付置:指定なし
斜線制限:隣地斜線、道路斜線
地区計画:関門景観形成地区(火の山地区)
都市計画:市街化調整区域(都市公園内)
都市計画整理事業:なし
計画道路:なし
■構造
主体構造:鉄筋コンクリート造
杭・基礎:杭基礎
主な環境配慮技術:ロスナイ換気、トップライトによる煙突効果、ライトシェルフ、グレーチング庇
■設備
○空調設備
空調方式:空気熱源ヒートポンプ方式
熱源:電気
○衛生設備
給水:受水槽＋加圧給水方式
給湯:熱源　電気＋ガス、ヒートポンプ給湯方式(補助熱源機と組み合わせ)
補助熱源ガス給湯器:50号×2組
排水:屋内分流方式
浄化槽:合併処理浄化槽
浴槽循環濾過設備:砂式濾過方式
○電気設備
受電方式:3φ3W 6.6KV
設備容量:3φ3W 150KVA、1φ3W 100KVA
予備電源:非常用発電機 3φ3W、44.9KW
○防災設備
消火設備:屋内消火栓、消火器
排煙:自然排煙
その他:非常放送設備、誘導灯、自動火災報知設備
昇降機:客用昇降機×1基、小荷物昇降機×1基
特殊設備:なし
■工程
設計:2009年7月～2010年8月
施工:2010年12月～2011年12月
■工事費
総工費:約469,000,000円
■外部仕上げ
屋根:改質アスファルト防水熱工法密着仕様
外壁:既存外壁補修の上、吹き付けタイル、ウレタン樹脂塗装ガルバリウム鋼板t=0.4タテハゼ葺き、平葺き、K型スパンドレル
開口部:アルミサッシ、スチールサッシ、アルミカーテンウォール、断熱トップライト
外構:芝張り、アスファルト舗装
■内部仕上げ
○2階ラウンジ
床:フローリング、ホモジニアスタイル、長尺塩ビシートt=2.5
壁:LGSの上PB12.5寒冷紗パテゴキの上EP塗装
天井:LGSの上PB9.5寒冷紗パテシゴキの上EP塗装
○1階ロビー
床:ホモジニアスPタイル
壁:軽鉄下地の上PB12.5寒冷紗パテシゴキの上EP塗装
天井:LGSの上PB9.5寒冷紗パテシゴキの上EP塗装
○浴槽
床:タイル下地モルタル50角磁器質タイル
壁:タイル下地モルタルボーダータイル
天井:軽鉄下地 バスリブ
脱衣室
床:乾式二重床の上ラワン合板t=12、フローリング t=12
壁:軽鉄下地の上耐水PBt=12.5 寒冷紗　パテゴキの上内装用汚染防止塗装
天井:LGSの上PB9.5寒パテ処理の上EP塗装
宿泊室(4人部屋)
床:乾式二重床の上ラワン合板t=12
畳(縁なし)
壁:軽鉄下地の上PB12.5ビニルクロス貼り 一部寒パテ処理の上EP塗装
天井:LGSの上PB9.5ビニルクロス貼り
○宿泊室(大部屋)
床:乾式二重床の上ラワン合板t=12
畳(縁なし)
壁:軽鉄下地の上PB12.5 ビニルクロス貼り
　一部シナベニア5.5 目透かし貼り
天井:LGSの上PB9.5ビニルクロス貼り

清瀬けやきホール
所在地:東京都清瀬市元町1-6-6
主要用途:市民センター、公会堂、図書館
子育て支援室
建主:清瀬市
建設年:1976年
築年数:34年
■書類／図面の有無(既存)
確認済証:あり
検査済証:あり
既存図面:あり
構造計算書:当時の計算書はないが既存建物耐震診断書あり
■設計
建築・監理:青木茂建築工房
構造:構造計画プラス・ワン
設備:蒼設備設計
電気:蒼設備設計
劇場コンサルタント:空間創造研究所
建築音響設計:YAB建築・音響設計
■施工
建築:ナカノフドー・坪井建設共同企業体
空調・衛生:アペックエンジニアリング
電気:雄電社
舞台機構:森平舞台機構
舞台音響:アセント
舞台照明:丸茂電機
■規模
敷地面積:2,910.44㎡
建築面積:1,581.96㎡
延床面積:3,972.81㎡
　地下1階:3,38.02㎡
　1階:1,292.45㎡
　2階:1,159.45㎡
　3階:643.46㎡
　4階:518.95㎡
　屋上:20.48㎡
建蔽率:54.36%
容積率:136.50%
階数:地下1階、地上4階
■寸法
最高高:18,120mm
軒高:15,600mm
階高:3,600～4,830mm
天井高:一般諸室:2,500mm
主なスパン:6,000mm×4,000mm
　　　　　6,000mm×6,000mm
■敷地条件
道路幅員:南 7.28m、北 4.0m
駐車台数:11台(運営者用のみ)
■法規上の制限
用途地域:商業地域、第一種中高層住居専用地域
法定建蔽率:80%(商業)60%(第一種中高層住居専用地域)
法定容積率:400%(商業)200%(第一種中高層住居専用地域)
防火指定:防火区域(商業)準防火区域(第一種中高層住居専用地域)
高度地区:第二種高度地域
日影制限:あり
駐車附置:あり
斜線制限:道路斜線、隣地斜線、北側斜線
地区計画:なし
都市計画:市街化区域
都市計画整理事業:なし
計画道路:なし
■構造
○耐震改修
既存部:鉄筋コンクリート造
ホール屋根部分:鉄骨造
○増築
南側壁面、EV棟、公会堂客席部・東側通路棟・北側楽屋棟:鉄骨造
杭・基礎:PCパイル(既存部)
鋼管杭(北側楽屋棟以外の増築部)、地盤改良の上、直接基礎(北側楽屋棟)
主な環境配慮技術:高効率機器、自然換気システム採用
■設備
○空調設備
空調方式:単一ダクト空調機方式、マルチパッケージエアコン
熱源:冷温水発生機 衛生設備
○衛生設備
給水:高架水槽＋増圧給水方式
給湯:局所電気温水器方式
排水:重力方式、一部ポンプアップ方式
浄化槽:なし
浴槽循環濾過設備:なし
○電気設備
受電方式:高圧1回線受電方式
設備容量:630kVA
契約電力:357kVA
予備電源:非常用ディーゼル発電機220k VA、非常用照明直流電源設備1φ 2W100V HS120-54 セル
○防災設備
消火設備:閉鎖型スプリンクラー設備、屋内消火栓
排煙:機械排煙設備
その他:非常照明設備、誘導灯設備、自動火災報知設備、非常放送設備
昇降機:乗用昇降機2台
特殊設備:舞台機構設備、舞台音響設備、舞台照明設備、難聴者支援設備
■工程
設計:2008年4月～2009年9月
施工:2009年10月～2010年11月
■工事費
総工費:約1,282,000,000円
■外部仕上げ
屋根:新規シート防水、新規ウレタン防水
外壁:既存外壁面:ガルバリウム鋼板折板葺き
南面R外壁:ガルバリウム鋼板横平葺き
東・西面:耐火エスガード
開口部:ガラスカーテンウォール、アルミニウムサッシ
外構:ソイルミックスセメント、インターロッキングブロック、角パイプフェンス
■内部仕上げ
○エントランスホール、共用ロビー、ホワイエ
床:磁器タイル
壁:ジョリパットイタリアート
天井:PBの上EP塗装
○客席
床:フローリング t=15
壁:天然木練付合板
天井:PBの上EP塗装
○舞台
床:フローリング桧
壁:グラスウールガラスクロス額縁張りt=50(ブラック)ピン止め工法
天井:ぶどう棚
○図書室
床:タイルカーペット
壁・天井:PBの上、EP塗装
○子育て支援室
床:フローリング t=15
壁:PBの上、EP塗装
○一般諸室
床:タイルカーペット
壁:EP仕上げ
天井:岩綿吸音板

浜松サーラ
所在地:静岡県浜松市東区西塚町200
主要用途:店舗、集会場、事務所
建主:ガステックサービス
建設年:1981年
築年数:29年
■書類／図面の有無(既存)
確認済証:あり
検査済証:あり
既存図面:あり
構造計算書:なし
■設計
建築・監理:青木茂建築工房
構造:金箱構造設計事務所
設備:鹿島建設中部支店
電気:鹿島建設中部支店
■施工
建築:鹿島・神野建設工事共同企業体
空調・衛生:中部
電気:川北電気工業
■規模
敷地面積:7,880.76㎡
建築面積:2,762.91㎡
延床面積:14,925.26㎡
　地下1階:1,373.22㎡
　1階:2,237.64㎡
　2階:2,103.28㎡
　3階:2,116.32㎡
　4階:1,957.97㎡
　5～7階:1,550.53㎡
　塔屋階:181.01㎡
基準階:1,550.53㎡
建蔽率:35%
容積率:186%
階数:地下1階、地上7階、塔屋1階
■寸法
最高高:38,380mm
軒高:33,450mm
階高:5階 3,750mm
天井高:5階 2,600mm
主なスパン:6,500mm×8,500mm
■敷地条件
道路幅員:東6.0m、西6.5m、南25m
駐車台数:365台
■法規上の制限
用途地域:工業地域
法定建蔽率:60%
法定容積率:200%
防火指定:法22条区域
高度地区:なし
日影制限:なし
駐車附置:なし
斜線制限:道路斜線
地区計画:なし
都市計画:なし
都市計画整理事業:なし
計画道路:なし
■構造
主体構造:鉄骨鉄筋コンクリート造、一部鉄筋コンクリート造
杭・基礎:杭基礎(RC場所打ち杭)
主な環境配慮技術:外断熱、駐車場緑化
■設備
○空調設備
空調方式:中央熱源方式
熱源:吸収式冷温水発生機、GHP
○衛生設備
給水:高架水槽方式
給湯:個別給湯方式
排水:汚水・雑排水合流方式
浄化槽:なし
浴槽循環濾過設備:なし
○電気設備
受電方式:1回線受電方式(屋内電気室)
設備容量:1,650kVA
予備電源:自家発電設備、蓄電池設

備
○防災設備
消火設備：スプリンクラー、屋内消火栓、連結送水管
排煙：機械排煙
その他：非常放送設備、誘導灯、自動火災報知設備、ガス消化設備（電気室）
昇降機：客用EV×3基、従業員用EV×2基、エスカレーター×1基（1～3階）
■工程
設計：2009年3月～2009年12月
施工：2010年1月～2010年10月
■工事費
総工費：約16.50億円
■外部仕上げ
屋根：既存防水不良部補修
外壁：既設外壁補修の上、アクリルゴム系防水型複層材の上、鉄骨下地の上、ガルバリウム鋼板t=0.6エンボス25φ＋8φ加工特殊形状パネル
開口部：アルミカーテンウォール（カラー飛散防止フィルム）、アルミサッシの上、アルミパンチングパネル塞ぎ
外構：芝張り、デッキテラス、カラーアスファルト舗装、アスファルトオーバーレイ
■内部仕上げ
○1階店舗（共用部）
床：フローリング
壁：躯体補修の上、LGSの上、PB12.5＋PB9.5下地処理の上EP塗装
天井：躯体補修の上、EP塗装の上、天然木ルーバーの上、CL塗装
○4階集会場（サーラホール）
床：タイルカーペット
壁：躯体補修の上、LGSの上、PB12.5＋PB9.5の上、下地処理の上EP塗装、躯体補修の上、LGSの上、PB12.5＋珪酸カルシウム板t=6の上、塩化ビニルシート
天井：PB12.5＋PB9.5の上、下地処理の上EP塗装
○5階事務所
床：タイルカーペット
壁：躯体補修の上、LGSの上、PB12.5＋PB9.5の上、クロス張り
天井：PB9.5の上、岩綿吸音板t=9

YS BLD.

所在地：東京都港区三田4-17-19
主要用途：共同住宅
建主：青木涼子
建設年：1972年
築年数：40年
■書類／図面の有無（既存）
確認済証：なし
検査証証：なし
既存図面：なし
構造計算書：なし
備考：確認済証は台帳確認によりあったが、完了検査済証はなかった。さらに、その他、図面等は一切残っていない状況であった。
■設計
建築・監理：青木茂建築工房
構造：軽石実一級建築士事務所
設備：comodo設備
電気：EOS plus
■施工
建築：さとうベネック
空調・衛生：菱熱
電気：渡辺電業
板金・金物：勝又金属工業
■規模
敷地面積：115.21㎡

建築面積：68.63㎡
延床面積：253.86㎡
　1階：61.59㎡
　2階：67.23㎡
　3階：66.08㎡
　4階：58.98㎡
建蔽率：59.0%
容積率：219.0%　※既存不適格
階数：地上4階
■寸法
最高高：11,620mm
軒高：10,620mm
階高：4階リビング　2,800mm
天井高：4階リビング　2,430mm
主なスパン：7,900mm×8,700mm
■敷地条件
道路幅員：東4m
■法規上の制限
用途地域：第一種中高層住居専用地域
法定建蔽率：60.0%
法定容積率：160%
防火指定：準防火区域
高度地区：第二種高度地区
日影制限：あり
駐車付置：なし
斜線制限：天空率
地区計画：なし
都市計画：第二種高度地区
都市計画整理事業：新法適合※なし
計画道路：新法適合※なし
■構造
主体構造：鉄筋コンクリート造、一部鉄骨造
杭・基礎：布基礎
主な環境配慮技術：屋上緑化、外断熱＋内断熱、メゾネット通風、オール電化
■設備
○空調設備
空調方式：個別空冷ヒートポンプ方式
熱源：電気（オール電化）
○衛生設備
給水：直結増圧ポンプ方式
給湯：エコキュート方式
熱源：電気
排水：合流（汚水・雑排水・雨水）方式
○電気設備
受電方式：低圧　単相三線式100/200
設備容量：30kVA
契約電力：1,2階　4～8kVA／3,4階10kVA
○防災設備
消火設備：住宅用火災報知器、誘導灯、消化器
排煙：自然排煙
その他：避難梯子
昇降機：3人乗り中規模エレベーター
■工程
設計期間：2010年1月～2010年7月
施工期間：2010年8月～2011年2月
■工事費
総工費：約56,000,000円
■外部仕上げ
屋根：既存RC躯体に外断熱鋼板防水の上、屋上緑化（潅水システム）
外壁：既存RC躯体に断熱材の上、ガルバリウム鋼板
開口部：アルミサッシ＋Low-Eガラス
外構：ユニバーサル園芸社屋上緑化及び庭植栽
■内部仕上げ
○1、2階リビング・ダイニング、寝室
床：合板フローリング
壁：PB　t=12.5寒冷紗パテしごき、ビニルクロス貼り
天井：PB　t=9.5寒冷紗パテしごき、ビニルクロス貼り

○3階寝室、納戸
床：合板フローリング
壁：PB　t=9.5＋12.5寒冷紗パテしごき、漆喰塗り
天井：PB　t=9.5＋9.5寒冷紗パテしごき、漆喰塗り
○3階舞台
床：檜無垢板張り
壁：PB　t=9.5＋12.5寒冷紗パテしごき、松突板貼り、鏡貼り
天井：PB　t=9.5＋9.5寒冷紗パテしごき、漆喰塗り
○4階リビング・ダイニング
床：磁器質タイル300角貼り
壁：PB　t=9.5＋12.5寒冷紗パテしごき、漆喰塗り
天井：PB　t=9.5＋9.5寒冷紗パテしごき、漆喰塗り
○4階ルーフバルコニー
床：磁器質タイル300角貼り
壁：既存RC躯体に断熱材の上、ガルバリウム鋼板
天井：ケイ酸カルシウム板t=6mm　VP塗装、スチール亜鉛メッキ、ルーバー
■賃料・ユニット面積
住戸数：3住戸（3タイプ）
住戸専用面積
1階：53.3㎡／2階：62.9㎡／3,4階：116.6㎡（メゾネット）
賃料：180,000～200,000円

旧戸畑区役所庁舎 [計画案]

所在地：福岡県北九州市戸畑区新池1-1-1
主要用途：図書館（区役所からの用途変更）
建主：北九州市
建設年：1933年
築年数：79年（2012年現在）
■書類／図面の有無（既存）
確認済証：なし
検査証証：なし
既存図面：なし
構造計算書：なし
■設計
建築：青木茂建築工房
構造：金箱構造設計事務所
設備：トーホー設備設計
電気：トーホー設備設計
■規模
敷地面積：4,760.00㎡
建築面積：1072.46㎡
延床面積：998.61㎡
　地下1階：696.33㎡
　1階：1032.51㎡
　2階：993.31㎡
　3階：75.45㎡
　PH1階：30.61㎡
　PH2階：25.51㎡
　PH3階：25.51㎡
　PH4階：10.36㎡
建蔽率：22.53%
容積率：60.71%
階数：地下1階、地上3階、塔屋4階
■敷地条件
道路幅員：東36m、南13.75m、西9.5m、北8m
駐車台数：38台（身障者用2台含む）
■法規上の制限
用途地域：商業地域
法定建蔽率：80%
法定容積率：400%
防火指定：準防火区域
高度地区：該当なし
日影制限：なし
駐車附置：対象外
斜線制限：道路斜線　斜線勾配1.5立ち上げ高さ20m
地区計画：なし

都市計画：市街化区域
都市計画整理事業：
計画道路：なし
■構造
構造：鉄筋コンクリート造
杭・基礎：独立基礎

旧三宜楼 [計画案]

所在地：福岡県北九州市門司区清滝3-6-8
主要用途：飲食店
建主：北九州市
建設年：1931年
築年数：80年（2012年現在）
■書類／図面の有無（既存）
検査証証：なし
既存図面：なし
構造計算書：なし
備考：建築基準法制定前の建物。現在、存続していること、改修工事において危険が増大しないことを証明することで既存不適格と認められた。ただし、計画通知を提出しないため、審査課ではなく、市の建築課の判断である
■設計
建築：青木茂建築工房
構造：高木次郎（首都大学東京）
設備：シー・イー・エフ設計
電気：Lプランズ
■規模
敷地面積：764.32㎡
建築面積：366.57㎡
延床面積：998.16㎡
　1階：360.78㎡
　2階：319.04㎡
　3階：318.34㎡
建蔽率：47.96%
容積率：130.60%
階数：地上3階
■敷地条件
道路幅員：11.40m
■法規上の制限
用途地域：商業地域
法定建蔽率：80%
法定容積率：400%
防火指定：準防火区域
高度地区：なし
日影制限：なし
地区計画：なし
都市計画：市街化区域
都市計画整理事業：
計画道路：なし
■構造
主体構造：木造
杭・基礎：ベタ基礎

マンションA [計画案]

所在地：東京都
主要用途：共同住宅
建主：区分所有者
建設年：1969年
築年数：43年（2012年現在）
■書類／図面の有無（既存）
確認済証：あり（建物台帳）
検査証証：あり（建物台帳）
既存図面：あり
構造計算書：あり
■設計
建築：青木茂建築工房
■規模
敷地面積：約2,000㎡
建築面積：880㎡
延床面積：約6,200㎡
　1階：約840㎡
　2階：約990㎡
　3階：約990㎡
　4階：約960㎡

　5階：約920㎡
　6階：約860㎡
　7階：約800㎡
　塔屋階：約60㎡
建蔽率：約40%
容積率：約290%
階数：地上7階建、塔屋屋上にあり
■敷地条件
道路幅員：東9.5m、7.7m、8.17m　南8.836m、北5.12m
駐車台数：37台
■法規上の制限
用途地域：第一種中高層住居専用地域
法定建蔽率：60%
法定容積率：300%
防火指定：準防火区域
高度地区：第2種高度地区
日影制限：3時間-2時間（4m）
駐車附置：不明
斜線制限：道路斜線、斜線勾配1.25　隣地斜線、斜線勾配1.25立ち上げ高さ20m
地区計画：なし
都市計画：市街化区域
都市計画整理事業：なし
計画道路：なし
■構造
構造：鉄筋コンクリート造
杭・基礎：杭基礎（RC場所打ち杭）
■賃料・ユニット面積
住戸数：43住戸

マンションB [計画案]

所在地：東京都
主要用途：共同住宅
建主：区分所有者
建設年：1969年
築年数：43年
■書類／図面の有無（既存）
確認済証：あり
検査証証：なし
既存図面：一部あり
構造計算書：一部あり
■設計
建築：青木茂建築工房
■規模
敷地面積：1,292.235㎡
建築面積：405㎡
延床面積：2,081.7㎡
　地下1階～地上4階：405㎡
　R階：56.7㎡
建蔽率：31%
容積率：161%
階数：地上4階、地下1階（確認済証より）
■敷地条件
道路幅員：4m
■法規上の制限
用途地域：第一種低層住居専用地域（最高高さ限度10m）
法定建蔽率：60%
法定容積率：150
防火指定：準防火区域
高度地区：第1種高度地区
日影制限：4-2.5（測定面高1.5m）
駐車附置：東京都駐車場条例に係る建築物における駐車施設の附置義務
地区計画：なし
都市計画：なし
都市計画整理事業：なし
計画道路：なし
■構造
構造：鉄筋コンクリート造＋鉄骨造
杭・基礎：コンクリートパイル、杭基礎
■賃料・ユニット面積
住戸数：30住戸

青木茂・リファイニング建築の本

1999年

建物のリサイクル
── 躯体再利用・新旧併置のリファイン建築

青木茂著
発行：学芸出版社
128mm×186mm
2,000円+税

新築なら8億の庁舎が
リファイン建築なら4億で。
産業廃棄物になる前に
建物を救おう！

リファイン建築とは使用価値が低減した建築物の使用可能な部分、価値ある部分をできるだけ残し、新しい機能や要素を負荷することで、より新しい命を建築物に吹き込む手法のこと。古い建物を生かしながら新たな価値を付け加える、ヨーロッパでは当たり前の建築手法が日本ではなぜ根付かないのだろうか？　ヴェローナの「カステルヴェッキオ美術館」やパリの「オルセー美術館」などの事例に学びながら、日々建築設計に取り組む中で一つずつ実践してきた「リファイン建築」を紹介。
■事例
鶴見町旧海軍防備衛所跡地資料館
（1987、大分県南海郡鶴見町）
アートホテル石松
（1991、大分県別府市）
緒方町庁舎
（1995、大分県大野郡）
博愛会通勤寮
（1996、大分県大分市）
宇目町役場庁舎
（1999、大分県南海郡）ほか

2001年

リファイン建築へ
── 建たない時代の建築再利用術／青木茂の全仕事

青木茂著
発行：建築資料研究社
190mm×256mm
2,800円+税

環境に優しく、
地震に強く、
新築に劣らず美しく、
そしてリファイン建築なら安くできる！

通常の「増改築」や「リフォーム」とリファイン建築の違いは、①廃材をほとんど出さず環境に優しい、②耐震補強をしっかりとする、③建物の用途変更が可能、④内外とも新築のようなデザインに、⑤新築と比較してコストは約半分。リファイン建築とは、単に建物を再利用すればいいというものではない。コストを抑えつつ、新しい付加価値を与え、いかに魅力ある建築へと生まれ変わらせるか。そこには建築家ならではの楽しみがある。クライアントのインタビュー、構造家との対談、八女市多世代交流館の技術ポイント、コスト分析などを紹介。リファイン建築に至るまでの青木の全仕事も収録。
付録：「建設コストと映像で紹介するリファイン建築」（CD）
■事例
八女市多世代交流館21・共生の森
（2001、福岡県八女市）
オアシス・マキ
（2001、福岡県春日市）
野津原多世代交流プラザ
（2000、大分県大分郡）

2005年

まちをリファインしよう
── 平成の大合併を考える

青木茂編・著
発行：建築資料研究社
148mm×210mm
1,800円+税

生まれ育ったまちが
平成の大合併によってなくなる
という事態に直面したとき、合併後
まちがどのような姿になるのか、
想像できなかった……。

著者が生まれ育った大分県南海部郡下入津村竹野浦河内は昭和の合併で大分県蒲江町になり、平成の大合併で佐伯市に吸収された。合併直前の2003年8月22〜28日、蒲江町で統廃合により廃校となる学校跡地利用のワークショップが開催され、全国から80名以上の若者が集合。連日の公開講座、公開シンポジウムには建築史家の鈴木博之をはじめ、曽我部昌史、千葉学、阿部仁史、山代悟らの若手建築家たち、蒲江町長、蒲江町の人びとなども参加し、熱いひと夏を過ごした。ワークショップ・デイリーニュース、蒲江町案内、公開シンポジウム基調講演「場所の力」（鈴木博之）、ワークショップ実践記録などを収録。

2009年

再生建築
── リファインで蘇る●建築の生命

青木茂著
発行：ユーディ・シー
発売：総合資格
210mm×210mm
2,500円+税

青木茂建築工房が手がけた25件のリファイン建築を施設タイプ（庁舎・文化／副詞・教育・医療／オフィス・店舗／住宅）別に紹介。

団地をリファインしよう。

青木茂編
発行：リファイン建築研究会
発売：住宅新報社
218mm×218mm
1,200円+税

団地に生命力を与える

団地再生の基本テクノロジー、市街地型（壱岐団地）、郊外型（舞松原団地）、縮小型（観音山団地）の3つのタイプの団地再生方法を提案。

2010年

建築再生へ
——リファイン建築の「建築法規」正面突破作戦

青木茂著
発行:建築資料研究社
150mm×210mm
1,800円+税

リファイン建築は、新築に比べて、CO_2発生量80％削減可能!

建築基準法は時代と共に改正されてきたが、2005年に起きた姉歯事件（構造計算書偽造問題）以降の法は、建築を再生する上で大きなハードルとなった。確認申請を提出する際に既存建物の「検査済証」がない場合、既存不適格建築を証明する必要がある。この証明のためにはかなりの労力と費用が必要になる。本書ではそれを乗り越えた事例を紹介。既存建物に対する都市計画法、改正建築基準法を遵守し、構造調査を行い、現行法規に適合するまで構造補強を行うと同時に設備を一新、デザイン性の向上を図り、そのすべてを記録した「家歴書」を作成する。これにより、リファイン建築はいっそう充実したものとなった。

■事例
FTK BLD.
（2009、兵庫県神戸市）
田川後藤寺サクラ園
（2009、福岡県田川市）
ルミナスコート壱番館
（2009、千葉県千葉市）
福岡市T邸
（2007、福岡県福岡市）
豊田市N邸
（2009、愛知県豊田市）
クローチェ神宮前
（2009、東京都渋谷区）
高根ハイツ
（2010、東京都中野区）

2011年

団地をリファイニングしよう!
——リファインからリファイニングへ

青木茂著
発行:建築資料研究社
220mm×220mm
1,500円+税

それぞれの団地が育んできたものを根こそぎ壊して建て替えるのではなく、リファイニング建築による団地再生の提案。

L.P.Met（首都大学東京リーディングプロジェクト、平成22年度〜25年度）のひとつである「リファイニング建築開発プロジェクト研究」の平成22年度報告書。久留米西団地（東京都東久留米市）および観音山団地（福岡県北九州市）の団地調査を収録。それぞれの団地が抱える問題点を洗い出すだけでなく、団地が長い時間をかけて醸成してきた住環境を受け継ぎ、よりよいものとするための提案を紹介。集合住宅リファイニング事例、海外の団地再生事例、幸田昭一・東京都住宅供給公社理事長、上野淳・首都大学東京副学長／L.P.Met総括リーダーとの座談会「団地について一緒に考えよう」なども収録。
このとき、30年に一度、耐震性能、意匠、設備をリファインすることで「100年建築」も可能になるという意味を込めて、「リファイン建築」の名称を「リファイニング建築」と改称した。

■事例
光第6ビル
（2009、2010、福岡県大野城市）
イプセ都立大
（2005、東京都目黒区）
イプセ目黒鷹番
（2007、東京都目黒区）ほか

■青木茂建築工房
奥村誠一
秋山　徹
神本豊秋
甲斐大器
高橋由美
佐藤　信
脇　泰典
鬼頭香子
渡邉明弘
赤崎雄太
丸山徹朗
仲宗根未央
秋山　葵
宮崎いづみ

■図面作成
青木茂建築工房

■スケッチ
甲斐大器（青木茂建築工房）

■写真
下記特記以外、青木茂建築工房提供

イメージグラム
p.6、p7上左、中、p.8、p.11
pp.46-49、p.51右2点、p.52
p.55右2点、p.57-59、p.67
pp.68-69、p.70左、右上、
pp.71-72、p.73右2点、pp.74-76
p.88、p.89右2点、p.92、p.93上、
p.94上、p.95上、p.96

上田宏
p.4上、p.5上右、中、p.10
pp.26-33、p.36上、p.37、p.38下、
p.39、p.44
pp.50-51
pp.86-87、pp.90-91、p.101

都市建築編集研究所
p.135、p.138

■青木茂プロフィル

1948年大分県生まれ。首都大学東京戦略研究センター教授。青木茂建築工房主宰。大連理工大学客員教授。博士(東京大学工学)。

主な著書に『団地をリファイニングしよう。』『建築再生へ』『再生建築』『リファイン建築へ』『見えない震災』(共著)など。

主な受賞に日本建築学会賞・業績賞(2001)、BELCA賞(2001)、JIA環境建築賞(2000)、エコビルド賞(2002)、グッドデザイン賞特別賞(1999、2010)、グッドデザイン賞(2005,2008,2010)、GREEN GOOD DESIGN AWARD(2009)、福岡市都市景観賞を連続受賞(2005、2006)、千葉市優秀建築賞(2009)、日本建築家協会優秀建築選(2009、2010)、兵庫県知事賞(2010)、JFMA賞(2010)、耐震改修優秀建築等表彰制度貢献者表彰部門・日本建築防災協会理事長賞(2012)など。

・東京事務所
東京都渋谷区広尾5-9-9-201(〒150-0012)
電話　03(5789)0488
E-mail　tokyo@aokou.jp
http://www.aokou.jp

・福岡事務所
福岡県福岡市中央区長浜1-2-6-206(〒810-0072)
電話　092(741)8840

・大分事務所
大分県大分市南津留13-21(〒870-0937)
電話　097(552)9777

■ *Shigeru Aoki*

Biography
1948 Born in Oita, Oita Prefecture, Japan
1977 Established AOKI Architectural Design Office
1985 Changed corporate name to SHIGERU AOKI Architect & Associates (Senior registered architect office)
1990 Established Fukuoka Office
1990 Incorporated SHIGERU AOKI Architect & Associates Inc.
2005 Established Tokyo Office
Teaching and Professorship
Professor at Tokyo Metropolitan University
Guest professor at Dalian University of Technology
Ph.D in Engineering (the University of Tokyo)
Main Bibliography
2001 "Refine Architecture - all works of Shigeru Aoki"
2006 "Invisible Earthquake Disaster"(co-authored)
2009 "Reviving Buildings - The Architecture of Regeneration"
2010 "Towards Refine Architecture □The Approved Method to Follow the Building Standard Law in Refine Architecture"
2011 "Refining Housing Complexes"
Main Awards
1999, 2010 Good Design Special Awards
2000 The Japan Institute of Architects Built Environment Awards
2001 The Prize of Architectural Institute of Japan Specific Contributions Division
2001 The 10th BELCA Awards
2002 Ecobuild Awards
2005, 2008, 2010 Good Design Awards
2005,2006 The 20th Cityscape Award of Fukuoka
2009 Chiba City Architectural Awards
2010 Hyogo Prefectural Governor Awards
2010 JFMA Awards
2012 The Japan Building Disaster Prevention Association Awards

---

長寿命建築へ──リファイニングのポイント

2012年5月1日　初版1刷発行

著者……………青木 茂

編集・制作………都市建築編集研究所[石堂 威・小田道子]
デザイン…………長島デザイン[長島恵美子]

発行人……………馬場栄一
発行所……………株式会社 建築資料研究社
　　　　　　　　東京都豊島区池袋2-68-1(〒171-0014)
　　　　　　　　日建サテライト館7階
　　　　　　　　電話　03(3986)3239
　　　　　　　　ファックス　03(3987)3256
　　　　　　　　http://www.ksknet.co.jp/book/

印刷製本…………凸版印刷株式会社

無断転載を禁じます。
©2012　Shigeru Aoki
ISBN978-4-86358-181-4